5-7, rue de l'École polytechnique, 75005 Paris

www.harmattan.fr

ISBN : 978-2-343-23486-1
EAN : 9782343234861

Le capitaine Bouchard, cet inconnu qui a découvert la pierre de Rosette

Suivi de

Journal de guerre inédit « La chute d'El-Arich »

Ahmed Youssef
De l'institut d'Égypte

Le capitaine Bouchard, cet inconnu qui a découvert la pierre de Rosette

Suivi de

Journal de guerre inédit « La chute d'El-Arich »

L'Harmattan

À la mémoire de Jean Lacouture
et en hommage amical à Yves Thréard

Du même auteur

En langue française

Aux éditions du Rocher :

- Cocteau l'Egyptien, 2001.
- Les sept Secrets de la Bibliothèque d'Alexandrie, préface de Jacques Attali, 2002.
- L'Orient de Jacques Chirac : la politique arabe de la France, préface de Jean Lacouture, 2003.
- Bonaparte et Mahomet, préface de Jean Tulard, 2003.
- Le Moine de Mahomet : l'entourage judéo-chrétien à la Mecque au VIe siècle, préface de Théo Klein, 2008.
- Nos Orients : le rêve et les conflits, entretien avec Jean Lacouture, 2009
- Le Phare d'Alexandrie : de l'image à l'imaginaire, 2010.

Chez d'autres éditeurs :

- La Fascination de l'Égypte, du rêve au projet, éd. l'Harmattan, 1998.
- Jean Lacouture, par monts et par mots, éd. Bayard, 2012.
- Saint-Louis en Égypte, théâtre, préface de Jean Lacouture, Orients éditions, 2014.

Traductions :

- Le Rêve de convalescence, dernière oeuvre du prix Nobel Naguib Mahfouz, préface Mohamed Salmawy, le Rocher, 2003.
- La Correspondance de Bonaparte au Caire, 2 volumes, 3000 p. Institut d'Égypte, 2015.

En langue arabe

- Leibnitz et le manuscrit secret de la conquête de l'Égypte, Dar al-Hilal, le Caire, 1998.
- De Lesseps cet inconnu, Centre National de la traduction, Le Caire, 2004.
- Bonaparte et l'Orient islamique, Conseil Supérieur de la culture, Le Caire, 2005.

Toute la gloire ne s'achète pas au prix du sang et des ruines ; il en est de paisible, comme celle des lettres, des sciences, des Arts, qui, avec moins d'éclat sont plus dignes d'une éternelle admiration. Cette gloire ne s'arrache point, c'est le fruit mûr d'un long et persévérant travail, qui, cueilli, avec patience doit se goûter avec modestie.

Louis-Auguste Martin 1855
L'esprit moral du XIXe siècle

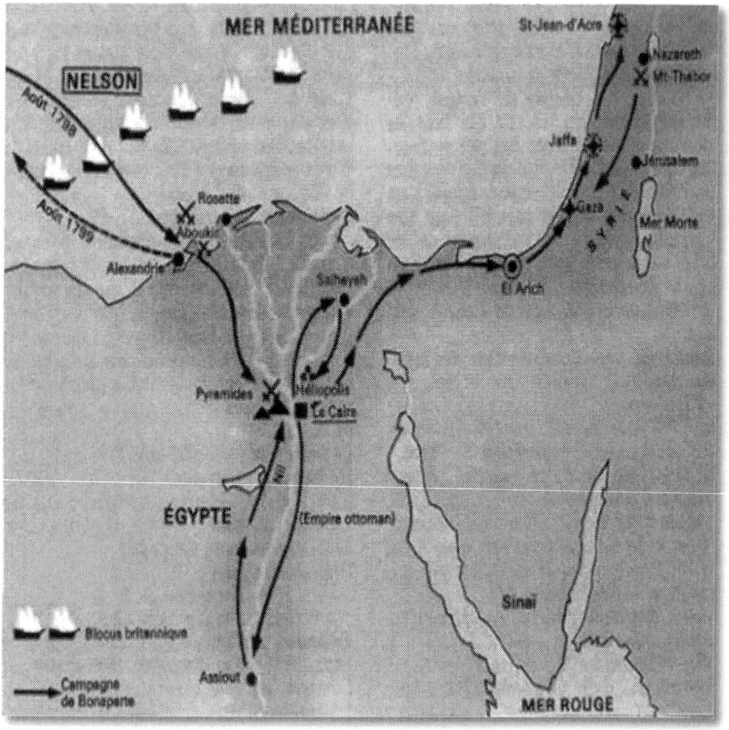

Alexandrie, Rosette, le Caire, el Arich Itinéraire de Bouchard en Égypte.

SOMMAIRE

PREMIÈRE PARTIE

LE RÊVE ARCHÉOLOGIQUE

Les dessous de la découverte de la Pierre de Rosette

Découverte de la Pierre de Rosette par Bouchard en présence de Bonaparte et de Menou. Sur fond d'une lettre manuscrite de Menou aux notables de Rosette en arabe et en français (peinture de l'artiste égyptienne Riham Mohamed).

CHAPITRE I

En attendant Bouchard, Rosette : ville du café et de poissons séchés

La genèse de Rosette eut lieu lors d'un certain printemps de l'an 853 de notre ère, lorsque le calife abbasside Al-Moutawakkil ordonna la construction de quelques forts sur la côte méditerranéenne de l'Égypte afin de protéger le pays contre la menace Byzantine. À peine les ingénieurs du calife avaient-ils commencé l'établissement de la carte topographique de la côte qu'ils tombèrent sur le site qui se trouvait à 10 kilomètres de là, en remontant l'embouchure du Nil en amont et qui était mentionné par Strabon sous le nom de Boulboutine. Il était appelé par les pêcheurs de la région : Rachid. Ce nom prédestiné n'était qu'une altération de l'égyptien ancien « Rikhit » qui signifie les habitants du Delta. Rikhit est devenu donc Rachid chez les Arabes, puis Rosette pour les consuls européens à l'âge d'or de la ville. Il est utile d'aborder préalablement les origines arabes de la ville avant de voir son destin frapper incessamment aux portes de la France.

Au temps des Fatimides, Rosette profita de la fondation de la ville du Caire pour devenir, en peu de temps, le port principal alimentant le Caire. Rosette constitua alors une entité territoriale autonome, n'appartenant à aucune des provinces du pays. Le grand géographe arabe Al-Idrissi la dépeint comme une ville de commerce et parle des pêcheurs sur le Nil et sur la mer. Il décrit surtout l'exportation des moules et des poissons séchés en conserves.

En 1249, Saint-Louis s'empare de Damiette, la sœur de Rosette, qui se trouve sur l'autre embouchure de la branche-Est du Nil. Pendant que Saint-Louis et son armée avancent dans le Delta pour conquérir le Caire, la route Rosette-Le Caire fourmillait de chars et de chariots, caravanes et marchandises, armes et munitions et toutes sortes de produits nécessaires à la vie et à la guerre venant directement de Rosette pour nourrir peuple et armée au Caire. Voilà une ville de poissons séchés et de moules. Voilà le cadeau que fit Saint-Louis à Rosette. D'autres français viendront faire encore des cadeaux plus prestigieux à Rosette. C'est ainsi que mosquées et caravansérails firent leur apparition à Rosette au temps des sultans mamelouks d'Egypte. Ces derniers, vainqueurs de Saint-Louis, eurent une certaine passion pour Rosette. Prenons le plus grand parmi eux, le sultan Al-Achraf Qaït Bey que nous allons rencontrer plusieurs fois dans ce livre.

Vers la fin du XVe siècle, les madrassas (écoles) et les mosquées de ce sultan embellissaient, et embellissent encore, la ville du Caire. Ses réalisations militaires s'élèvent à Alexandrie et à Rosette.

En effet, Qaït Bey a construit deux citadelles maritimes jumelles. C'est dans l'une d'elles, celle de Rosette, que le lieutenant Bouchard offrira au monde la légendaire Pierre de Rosette que les prochains chapitres proposent de raconter. Restons encore un peu à Rosette.

Après Qaït Bey, le sultan Al-Ghouri, le dernier de la dynastie des Mamelouks, allait donner au Caire, à Alexandrie et surtout à Rosette de magnifiques maisons et mosquées que nous admirons encore aujourd'hui. Il meurt en 1516 à l'âge de 88 ans dans une bataille mémorable devant les Ottomans.

L'Égypte n'est plus mamelouke, elle est désormais ottomane. Elle allait entrer pendant quatre siècles dans une ère de décadence. Seule Rosette échappera à ce sort, et cela grâce aux consuls français.

Les croisades terminées, l'Égypte ottomanisée vit le retour des vainqueurs et des vaincus qui adoptèrent le commerce comme activité principale.

Mais les Égyptiens n'ont pas oublié qu'en pleine croisade, les Vénitiens n'avaient pas trahi leurs amis musulmans du Caire. C'est ainsi que les Français cherchèrent en Egypte un port qui ne soit ni Damiette, trop liée au souvenir de la croisade de Saint-Louis, ni Alexandrie, trop occupée par une forte présence vénitienne. L'histoire va créer un événement surprenant. La France de François Ier signe en 1536, avec le sultan ottoman Soliman Le Magnifique, Les Capitulations qui accorderont à la France d'immenses privilèges matériels, moraux, et surtout, statutaires aux Français dans les territoires ottomans dont l'Égypte fait désormais partie. Rosette est en passe de devenir le port de choix de la France de Louis XIV. Le premier comptoir français dans Rosette, bien avant qu'Alexandrie et Le Caire ne virent le jour qu'en 1680. Consuls et marchands marseillais ne vont pas tarder à s'installer dans la ville de poissons séchés. La découverte du café va emmener de l'or dans la ville.

En effet, dans ce XVIIIe siècle béni pour Rosette, le café venait d'être découvert en Abyssinie, puis cultivé au Yémen, pour être très rapidement répandu dans les cercles soufis et les derviches du Caire qui trouvèrent dans le café un moyen de doubler leur capacité de veiller pour louer Allah.

Le café allait vite gagner Istanbul pour arriver par la suite sur les places de Vienne et de Paris. On avait deux circuits de commerces pour le café : le circuit anglais (Damiette-Suez-Moka) et le circuit français (Rosette-Marseille-Paris). Rosette était devenue le port drainant de l'or vers la France à tel point que Louis XIV décida de dépêcher un légendaire consul à Rosette : Benoît de Maillet. Ce grand français mérite une attention particulière.

Accompagné d'une jolie femme, armé d'une solide connaissance de la langue arabe, et surtout, de la confiance du Roi-soleil, Benoît de Maillet (1656-1738) fît son entrée en Egypte par la porte de Rosette en 1692.

C'est lui qui, à partir de Rosette, transforma les adversaires italiens de la France en alliés commerciaux, puis politiques, et c'est ainsi que l'Égypte vit, dès la découverte de la Pierre de Rosette, de nombreux consuls français d'origine italienne.

En 1735 Benoît de Maillet publia le premier livre scientifique sur l'Égypte au titre, oh combien prophétique, *La description de l'Égypte*[1]. Il sera repris par les savants de l'armée d'Orient. Il n'y a pas de hasard dans l'histoire de Rosette. Benoît de Maillet n'aimait pas trop Le Caire, il préférait sa belle demeure de la rue « Dahliz Al molk » à Rosette. Un clin d'œil : cette rue se traduit en français par ces mots : « la rue du vestibule du Pouvoir ».

Cet homme sentit en effet que quelque chose dans Rosette allait se produire et attacher définitivement son nom à la puissance commerciale et politique de la France.

Pour tout dire sur cet amoureux de Rosette, il suffit de citer les deux vers que Voltaire écrivit pour lui :

Notre consul Maillet n'est pas un consul de Rome,
Il sait comment fut fait, autrefois, le premier homme.

L'arrivée du général Menou et du lieutenant Bouchard à Rosette au lendemain de la prise de l'Égypte par Bonaparte fut donc précédée par une longue histoire de passion française pour la ville de poissons séchés. Il était presque normal que Pierre Bouchard, cet enfant d'Orgelet, tombe sur la Pierre qui portera éternellement le nom de la ville. Pour Bouchard ce fut une coïncidence qui attendait son arrivée.

---

[1] Bien avant que Champollion ne propose le transfert de l'obélisque du Louvre à Paris, Benoît de Maillet avait proposé à Louis XIV le transfert de la colonne de Pompée à Paris. Voir le monumental « Voyageur et écrivains français en Egypte » de J.M. Carré. Tome 1 pp.56-75, éd. IFAO, Le Caire, 1956.

CHAPITRE II

Pourquoi Bouchard ?

Le fort maritime de Qait Bay à Rosette où Bouchard trouva la pierre

C'est Einstein qui disait que le hasard est le chemin que Dieu emprunte lorsqu' il veut être anonyme. Toute sa vie, le colonel Pierre François Xavier Bouchard emprunta dans la froide obscurité de l'anonymat, le chemin des guerres de Napoléon et celui le conduisant vers Ptolémée V d'Égypte. C'est sous le soleil écrasant de ce 19 juillet 1799 qu'il découvrit la stèle célébrant la gloire du pharaon. Cette découverte connue universellement sous le nom de Pierre de Rosette va le tirer définitivement de l'anonymat et faire de lui le Christophe Colomb de la prestigieuse science de l'égyptologie.

En offrant à Champollion l'instrument par lequel il deviendra le glorieux déchiffreur des hiéroglyphes, Bouchard nous a légué une des énigmes les plus complexes de l'histoire : cet oubli obstiné des historiens qui le frappe durement et jette un voile épais non seulement sur sa majestueuse découverte mais aussi sur son engagement sans faille dans les guerres napoléoniennes. Plus étrange encore, l'ignorance de sa prose de fin observateur et d'acteur, on le verra, au moment du tragique siège de la ville égyptienne d'El-Arich par les Ottomans et celui du siège héroïque de sa bien-aimée Rosette par la marine britannique dans les derniers jours de l'expédition française en Egypte. Deux douloureuses batailles qui mettront fin à l'aventure militaire et scientifique de Bonaparte en Egypte entre 1798 et 1801.

Né en 1771 à Orgelet, alors village blotti dans les hauteurs du Jura avec sa somptueuse église fortifiée et sa fière tour qui ressemble à un phare plutôt qu'à une sentinelle, l'enfant Bouchard aurait contemplé cette tour tendue vers le ciel comme une passerelle entre ciel et terre. N'y avait-t-il pas ici le début d'une passion vers la balbutiante aérostation et conquête de l'Air qui le mènera vers l'école polytechnique à Paris, puis en l'Egypte ?

Cette église est étrangement fortifiée avec une grande enceinte et de nombreux dispositifs et motifs de défense comme si le dogme avait besoin d'épouser l'architecture. N'y a-t-il pas ici ce pathétique sens du devoir qui allait marquer son existence d'abnégation de moine et de désintérêt benoite ? Ainsi, l'homme qui offrira à l'antiquité égyptienne une seconde vie, comme Champollion lui donnera une voix, restera un soldat qui ne savait faire que son métier de militaire, à l'ombre de ce Bonaparte qu'il a côtoyé au Caire et à Rosette et qui est devenu ce Napoléon qui fit trembler le monde.

D'Orgelet à Rosette, on retrouve la même distance symbolique entre Bonaparte et Napoléon, de la découverte de la Pierre de Rosette jusqu'à l'éblouissante science de l'égyptologie. C'est ce passage miraculeux de l'obscurité à la lumière que Bouchard a su saisir par sa prophétique intuition au moment de la découverte de la Pierre quand il a ordonné à ses soldats qui effectuaient des terrassements de fortifications à Rosette d'épargner la Pierre de leurs terribles coups de pioche en ne voulant pas aller jusqu'à la folie de la gloire archéologique quand il voyait déjà que l'on se bousculait pour avoir une part de cette gloire qu'on sentait arriver à grands pas.

Ce soir du 19 juillet 1799, alors que Bonaparte préparait dans le secret total son retour en France, la ville de Rosette était à son rendez-vous, elle aussi, avec cet orgelétain de 27 ans.

En effet, dans toute la misère infligée à l'Egypte par l'occupation ottomane depuis 1517, seule Rosette vivait dans l'opulence et la luxure, à tel point que Châteaubriand dira, quelques années plus tard, en 1805, qu'elle lui semblait être le paradis sur terre. Sans oublier le général Menou, commandant de la place de Rosette, qui venait de se convertir à l'islam et de se marier à une belle fille de notables de la ville, Zoubida.

Bouchard décide alors de transférer la lourde stèle de 800 kilos jusqu'au quartier général de Menou. C'est dans ce cadre de richesses et d'euphorie collective (un mariage traditionnel en Egypte dure une semaine) que la Pierre atterrit chez le général Menou prend alors trois grandes décisions :

- transférer la Pierre à l'Institut d'Égypte au Caire.
- prendre, par précaution, l'emprunte des inscriptions en trois langues gravées sur la pierre.
- charger Bouchard d'escorter en personne la Pierre avec ses soldats, par le Nil jusqu'au Caire.

On y reviendra dans le chapitre consacré au général Menou.

Ainsi, Bouchard porta sa découverte comme on porte son bébé au baptême. Mais dans le bateau qui voguait vers le Caire, et en présence de quelques savants de l'expédition qui étaient restés à Rosette, il se passait des choses qui ne tardèrent pas à couper les ailes de celui qui faisait de l'aérostation sa passion.

Comme Bouchard, le destin de sa découverte tournera court pour tomber rapidement aux mains des Anglais triomphants des Français en Égypte. Ils prendront curieusement aussi bien Bouchard que la Pierre comme otage et prise de guerre. Ils ramèneront Bouchard jusqu'à Marseille mais la Pierre, elle, sera expédiée jusqu'à Londres où elle confère aujourd'hui au British Museum une aura toute particulière.

Encore un hasard. Ce 21 août 2020, mon ami Alain Fabry, humaniste et haut cadre du groupe Suez en Egypte et en Asie, m'invite pour donner une conférence dans son magnifique château de Verges à vol d'oiseau d'Orgelet. Parmi les invités, le jeune maire de cette ville, Jean Paul Duthion, vient me saluer avant d'entamer une belle discussion sur Bouchard et son désir de donner à sa ville, la fabuleuse histoire de Bouchard et sa Pierre de Rosette, un prestige national et international.

Comme j'ai cité Einstein, au commencement de cette introduction, la rencontre avec Jean Paul Duthion fut peut-être un hasard, mais elle permettra, espérons-le, de sortir Bouchard de l'obscurité et de l'oubli comme il a sorti la Pierre de Rosette de son éternel ensevelissement.

Cet ouvrage aspire à lui jeter un faisceau de lumière et le tirer ainsi de l'anonymat. L'inspiration est une réponse à l'aspiration.

CHAPITRE III

Un pionnier de l'aérostation

Comment échapper à sa condition d'être né dans la misère ? Fils de menuisier dans un milieu rural et austère, Bouchard a connu la faim et la difficulté de s'instruire. Mais, il n'avait point la crainte du lendemain, il put supporter la souffrance du présent car il avait une raison d'être : entrer dans l'armée comme on entre en religion. En effet, Bouchard a su, très tôt, mesurer sa misère en ne se laissant pas ronger par elle.

Après un passage obligé au collège d'Orgelet, il complète ses études avec deux années de philosophie et de mathématiques à Besançon. Il est ensuite mobilisé dans la première réquisition de 1793.

Bouchard, qui n'avait que 22 ans, est nommé sergent major d'une compagnie de grenadiers à Paris[2].

À Paris, la liberté commence où la misère finit. Désormais, une nouvelle vie s'ouvre devant lui.

Mais entrer dans l'armée n'est-ce pas aussi découvrir les horreurs de la guerre ? Il ne savait pas que d'autres guerres l'attendaient au-delà de l'Europe dans ce fascinant Orient lointain. Il découvre aussi le prestige dont jouissent les militaires dans la société. Bonaparte dira que l'armée est l'âme de la nation.

Mais notre orgeltain a perçu la carrière des armes avec une certaine humilité. Bouchard restera toute sa vie fidèle à son métier de militaire, une fidélité qui ne lui était pas souvent, malheureusement, bien récompensée. Quiconque s'élèvera, dit le proverbe, sera abaissé, et quiconque s'abaissera sera élevé. Malheureusement, Bouchard a opté pour la seconde voie et les circonstances ne l'ont pas aidé à aller jusqu'au bout. Sa compagnie sera vite appelée à s'engager dans les difficiles fronts de la Champagne et de la Belgique. Ensuite, viendra ce moment dans la vie de la jeunesse, où l'on sent que l'on a trouvé enfin sa voie. En août 1794, Bouchard est envoyé à la 2e compagnie d'aérostiers. L'image de la tour imposante de l'église de son Orgelet natale lui revient à l'esprit. Elle fut toujours pour lui le défi gagné de l'homme sur les lois de la

---

2 Voir « L'individu, la guerre et la révolution française », Patrice Leclercq. La revue Hypothèses 1999 (1) pp 37 à 43.

gravitation. Son élévation personnelle prend enfin la bonne direction.

La France révolutionnaire découvrait alors cette arme nouvelle qui pourrait donner à ses armées un avantage décisif sur les coalitions des monarchies européennes contre elle. Après un stage rapide d'un mois, il est affecté à la toute nouvelle école nationale aérostatique à Meudon. Le directeur de l'école n'est autre que le célèbre Conté qui jouera dorénavant, et jusqu'à la fin de ses jours, le rôle du guide protecteur. Cette amitié qui a commencé à Meudon, les propulsera jusqu'aux pieds des Pyramides[3].

Mais qui était Conté qui comptera énormément dans la vie de Bouchard ?

Nicolas-Jacques Conté était de seize ans l'aîné de Bouchard. Être directeur à la tête d'une école d'excellence n'était que le fruit d'une renommée fulgurante dans le monde des innovations : la physique, la mécanique, la chimie, l'anatomie et la peinture, dans cette France qui cherchait obstinément le moindre génie dans ses rangs pour vaincre les ennemis de sa révolution.

Le comité de salut public songea alors à l'utilisation de l'aérostation dans les opérations militaires. Les regards étaient alors tournés vers ce jeune inventeur passionné de mécanique aérostatique. Conté était chargé de former une commission de savants spécialistes. Il y intègre Bouchard, et, lorsque Conté est appelé, on vient de le voir, à diriger la première école d'aérostation, il fera nommer Coutelle (l'observateur de Fleurus, une autre grande figure inventive de l'époque) et Bouchard comme directeurs adjoints. Un boulevard s'ouvre alors devant notre enfant d'Orgelet.

Le célèbre portrait de Conté que le graveur Robert de Launay nous a légué est marqué par ce bandeau couvrant un oeil. L'histoire nous raconte que Bouchard était lié à l'incident

---

[3] « La première compagnie avait participé à l'observation du champ de bataille de Fleurus, dit Jacques Laurens, et on lui attribuait, au grand agacement de Jourdan, une part importante du succès ». Pierre Bouchard, soldat et ingénieur, inventeur de la Pierre de Rosette. Dans la Jaune et la Rouge. Avril 1991. P14.

en laboratoire qui causa la perte de l'œil de Conté puisqu' il était présent et a failli, lui aussi, perdre ses yeux. Le destin lui a peut être épargné un tel malheur pour son rendez-vous avec son aventure égyptienne.

Un peu avant l'aventure égyptienne que les deux amis de l'école d'aérostation vont entamer ensemble, Conté a inventé le crayon de graphite et mine que nous utilisons encore aujourd'hui, non sans une certaine banalité, sans savoir combien cette invention allait bouleverser le monde du dessin, de la géométrie, et surtout, de la démocratisation de l'écriture à l'aube de la deuxième révolution qui pointait alors : la révolution industrielle.

Quelle chance d'avoir pour maître et ami ce Léonard de Vinci français. Mais ce ne fût qu'un début. Il se trouvait que Conté et Coutelle furent intimement liés à deux autres vedettes de la science parisienne, Monge et Berthollet, créateurs de l'école Centrale des Travaux publics, qui apportèrent avec enthousiasme leur concours aux expériences de Conté non seulement sur l'aérostatique mais aussi sur la poudre. Lorsque Bonaparte, au lendemain de son retour triomphant d'Italie en 1797, chargea Monge, Berthollet et Fourier de former une pléiade de savants pour l'expédition d'Égypte, ils pensèrent alors aux deux amis de l'école de Meudon. Commencera pour les deux amis, leur belle virée égyptienne. L'attendu n'arrive point mais l'inattendu. Un vieux proverbe égyptien...

CHAPITRE IV

Le voyage en Egypte

Au lendemain de la révolution, la France manquait cruellement d'ingénieurs et de cadres supérieurs. À l'instigation de Gaspard Monge et de quelques savants ralliés aux idées de la révolution, le Comité de salut public créé à la Commission des travaux publics (par décret du 21 ventôse an II, 11 mars 1794). Les savants se voient confier la mission d'organiser une nouvelle école centrale des travaux publics. Le 7 vendémiaire an III, 28 septembre 1794, l'école est créée mais peu de temps après, elle est rebaptisée l'Ecole polytechnique.

Le 21 novembre 1796, Bouchard est admis à cette prestigieuse école, dont on a tout le droit de penser à une certaine intervention en sa faveur, de son mentor Nicolas Conté[4]. Il y suivit, entre autres, toujours sous l'œil de Monge et de Berthollet, des cours sur les techniques de fortifications. C'est son excellence dans cette spécialité qui fera de lui « le fortificateur » par excellence en Egypte et ailleurs, par la suite. Et c'est par l'art des fortifications qu'il trouvera sa gloire en Egypte le jour où il dirigera les travaux de fortifications du Fort Julien (ou Jullien) à Rosette.

Un bonheur n'arrivant rarement seul, ce grand Monge, rappelons qu'il fut pendant un court temps, entre 1792 et 1793 ministre de la Marine, part en mission en Italie pendant la conquête de Bonaparte et devient le commissaire des Sciences

[4] Bulletin de l'Asphor, p1. 11/09/2017

et des Arts. C'est à partir de ce moment que ce mathématicien et physicien de renommée devient le savant par excellence et la figure divine des sciences modernes aux yeux du jeune général qui était de 23 ans son cadet. Le 6 germinal an VI (26 mars 1798), Letourneux, ministre de l'intérieur, reçoit de Bonaparte une liste de personnes auxquelles il fallait donner l'ordre d'être prêts à partir. Les noms de Monge, Berthollet, Fourier et Conté y occupent les premières places[5].

Le 13 germinal an VI (2 avril 1798), Monge reçoit directement une lettre de Bonaparte lui demandant de tout faire pour s'accaparer de l'imprimerie arabe de la Propagande (du Vatican), « dussé-je remonter le Tibre avec l'escadre pour vous prendre », lui dit-il[6]. Le 20 avril de la même année, Bouchard est affecté à l'armée d'Orient. Bonaparte fera à plusieurs reprises, on le verra, allusion à lui en Egypte. Comme la guerre est un aspect de la paix, cet engagement de Bouchard dans l'Armée d'Orient est un aspect d'une conquête archéologique présomptive.

On sait bien que Bonaparte, qui occupait le navire amiral l'Orient, s'est attaché définitivement à Monge et à Berthollet. À bord, pendant la traversée en Méditerranée, les discussions portaient sur l'histoire et souvent sur l'avenir. Le rêve oriental du conquérant d'Italie était-il en train de se réaliser ? Le souvenir d'Alexandre le Grand n'était pas loin. Si ce dernier avait pour maître Aristote, lui, avait toute une pléiade de savants, toutes disciplines confondues. Seul bémol de jalousie dans ce bel orchestre de l'avenir est inévitablement l'âge de son maestro. En effet, Le général en chef de cette belle Armée d'Orient n'avait que 29 ans alors que son mythique prédécesseur grec n'avait, au moment de la conquête de la terre des pharaons, que 26 ans.

Les questions d'âge sont toujours sujettes à moqueries quand on s'appelle Napoléon et quand on a sous ses ordres des généraux plus âgés. Pas loin du navire amiral, l'Orient, séparé par quelques grosses vagues et vents chauds en cette fin de juin

---

[5] Napoléon Bonaparte, Correspondance générale, tome 2, lettre 2344. P 56. Ed. Fayard 2005.

[6] Idem. La lettre 2361. Page 67.

1798, se trouvait Le Franklin, navire du ténébreux strasbourgeois et général sans rêve mais grand militaire dans l'âme : le général Kléber. Est-il un hasard que Conté et Bouchard soient de la compagnie du commandant en chef de l'armée de Sambre et Meuse ? On ne le saura jamais mais les liens affectifs vont rapidement se créer entre Kléber et Conté, et par conséquent, avec Bouchard. D'ailleurs, des trois commandants en chef de l'armée d'Orient (Bonaparte, Kléber et Menou) le seul qui va citer nommément Bouchard dans sa correspondance, par sa qualité de « découvreur de la Pierre de Rosette », c'est bien Kléber. Les deux autres se contenteront d'en faire obsessionnellement allusion chaque fois qu'il sera question de génie militaire ou d'inspection dans le lac Manzaleh. On le verra.

À bord du Franklin, on peut imaginer les sujets de discussions. L'aérostatique, très en vogue à l'époque, aussi fascinante que la conquête de la planète Mars aujourd'hui. Forts de leurs expériences de Meudon, Conté et Bouchard y sont intarissables. Leurs dangereuses expériences, en laboratoire dont les stigmates sont fièrement affichés sur les visages comme les autres affichent leurs trophées.

Un peu plus drôle, l'histoire des frères Bouchard qui avaient été incarcérés par le gouvernement de Rome à cause de leurs liaisons avec les commissaires français pour les sciences et les arts. Ils ont été libérés grâce à l'intervention de Joseph Bonaparte, alors ministre de la République à Rome. Il s'agit certainement d'autres Bouchard. On ne peut imaginer que l'orgelétain élève de l'école polytechnique aurait osé abandonner ses cours à Paris pour aller à la rencontre des commissaires des arts français, dont son maître Monge, car Bonaparte qui raconte cette histoire dans sa correspondance, nous apprend que ces Bouchard n'avaient pas de passeport français et qu'ils n'avaient pas pu venir le remercier à Paris[7]. Notre Bouchard orgelétain n'avait rien à voir avec cette histoire à la fois drôle mais un peu mystérieuse car Bonaparte demanda, par la suite, à Sotin, ministre de la police générale de leur

---

[7] Correspondance. Lettre 2284, p. 21.

fournir des passeports. Qu'en a pensé Kléber ? La morale, dit-on, est bien souvent le passeport de la médisance.

Pendant que Bouchard coulait des jours heureux dans la Kléber, Bonaparte signait le 5 fructidor an VI (le 22 août 1798) l'arrêté historique de créer l'Institut d'Égypte[8]. Bouchard est désigné (certainement par Monge ou Berthollet puisque Conté était encore entre Alexandrie et Rosette) membre de la commission dans le groupe des aérostiers de Nicolas Conté. Comment ne pas choisir Conté dont Monge disait qu'il a « toutes les sciences dans la tête et tous les arts dans la main »[9].

Bouchard reste à Alexandrie jusqu'au 7 septembre où il est enfin convoqué au Caire par la commission des sciences et des arts. Après les illusions bancales d'Alexandrie, le voilà en route pour la réalité militaire et scientifique du pays. Terrible paradoxe mais, surtout, un premier pas sur la route de Rosette. Une illusion de moins, dira Alexandre Dumas c'est une vérité de plus. Bouchard va désormais inéluctablement vers sa grande vérité.

Avant la découverte de la Pierre de Rosette (qui surviendra dix mois plus tard) Bouchard doit affronter, en tant qu'élève en polytechnique, sa première mission scientifique dans l'immense lac Menzaléh, sous les ordres du général Andréossy. Il doit passer son examen de sortie devant un jury de prestige présidé par Monge en personne.

Cette mission de reconnaissance du plus grand lac d'Égypte couvrant tout l'espace entre Damiette et Port Saïd (qui n'existait

---

[8] L'arrêté portant création de l'institut d'Égypte est suivi, dans le même ordre, par une liste « des personnes proposées pour composer l'institut d'Égypte ». Il est divisé en quatre sections (mathématique, physique, économie politique, littérature et arts). il y a trente-six membres. Bonaparte est membre de la section mathématique. Le premier président est Monge, Bonaparte est vice-président et Fourier secrétaire perpétuel. Les objectifs de l'institut sont : apporter une aide technique aux militaires et administrateurs, étudier, rechercher et publier toutes les connaissances sur l'Egypte. Voir la lettre de Bonaparte au général Caffarelli du Falga, commandant du génie de l'armée (numéro 2897 dans la Correspondance page 313. Cet ordre de Bonaparte précise également d'autres détails sur le lieu choisi comme siège de l'institut.

[9] Cité par Robert Solé dans *Bonaparte à la conquête de l'Egypte*, éd Seuil 2006. P152.

pas encore évidemment) offrit à Bouchard deux grands rendez-vous avec l'histoire : travailler d'abord sous les ordres du très respecté et influent général Andréossy (cela lui servira par la suite au lendemain des évènements dramatiques du siège d'El-Arich, on le verra). Ensuite, être l'objet à deux reprises d'une allusion à son travail dans le Génie par Bonaparte en personne.

En effet, c'est Bonaparte qui désigne l'équipe qui va explorer le lac Menzaléh. Dans la lettre adressée au général Caffarelli, le 28 fructidor an VI (14 septembre 1798), on lit « je donne ordre, citoyen général, au général Andréossy de se rendre à Damiette. Je vous prie de lui fournir deux ingénieurs géographes (non identifiés), un officier des Ponts et Chaussées (Jean Baptiste Simon) deux jeunes gens de l'école polytechnique » (ce sera Bouchard et Pottier)[10].

Il est difficile d'étaler ici les résultats scientifiques, militaires et économiques de cette reconnaissance dans ce lac réputé (encore aujourd'hui) très riche en ressources mais aussi un abri de toutes sortes de criminels, rebelles, politiques en fuite, et encore, ses poissons géants et ses moustiques envahissants.

Bonaparte en était tellement satisfait qu'il commandera, le 21 brumaire an VII, (11 novembre 1798), la même équipe pour explorer le lac Burlos[11].

À Menzaléh, Bouchard restera 40 jours et sera surtout contraint de rentrer au Caire pour passer, vers mi-novembre, son examen de sortie de l'école polytechnique devant, on l'a vu, un jury présidé par Monge.

Succès immédiat. Bouchard est promu, le 28 novembre 1798, lieutenant de génie de 2e classe. Grand moment dans la vie de cet enfant de la très lointaine ville d'Orgelet. Il a 27 ans lorsqu'il quitte la commission des sciences pour rejoindre définitivement l'armée. Il sera militaire le restant de sa vie et servira Bonaparte en Egypte puis Napoléon dans des guerres européennes. Mais avant tout cela il aura un rendez-vous avec l'histoire. On va l'envoyer à Rosette. Si la gloire est un papillon qu'il faut oser prendre, à Rosette, c'est le papillon qui prendra Bouchard.

---

[10] Correspondance de Bonaparte. Lettre 3189. P 429.

[11] Correspondance. Lettre 3657. P 614.

CHAPITRE V

La découverte de la Pierre de Rosette, révélatrice de quelques légendes

Les ruines, c'est le temps au ralenti
Cocteau

Découverte de la pierre de Rosette dans le miroir des pharaons et de Napoléon. Peinture de l'artiste égyptienne Riham Mohamed.

L'instant magique de la découverte de la pierre par Bouchard. Peinture sur papyrus de l'artiste égyptienne Riham Mohamed.

Bouchard est affecté depuis juin 1799 dans le bataillon de Génie de Rosette sous les ordres du Capitaine d'Hautpoul (Charles Marie Benjamin 1772-1853), mais aussi de l'ingénieur des Ponts et Chaussées Michel-Ange Lancret (1774-1807, qui sera par la suite, commissaire du gouvernement près la commission d'édition de la Description de l'Egypte). Les trois sont placés sous les ordres du général Menou, commandant de la place de Rosette qui, on l'a vu, venait de se convertir à l'islam et de se marier à une fille d'un notable de la ville. Généreux, Menou se servait des richesses de la ville pour conforter sa popularité dans sa province et consolider son autorité dans l'armée. Cela a fini par irriter Bonaparte qui ne tarda pas à le rappeler à l'ordre[12].

Le vieux général Menou avait en effet cette aménité qui faisait de lui à la fois figure militaire et paternelle. Depuis qu'il avait donné l'ordre à d'Hautpoul d'effectuer des travaux de

[12] Sur les remontrances de Bonaparte à Menou relatives à ce sujet, voir dans la correspondance de Bonaparte les lettres de 2985 et surtout les lettres de 2891 et 2939 où il fait allusion à d'Hautpoul.

fortification dans le fort de Qaït bey, rebaptisé, on l'a vu, Fort Jullien, le général Menou suivit de près ces travaux afin d'en rendre rapidement compte à l'état-major au Caire.

Le général Menou était occupé surtout par les interminables cérémonies festives de son mariage qui duraient depuis début juillet, fut largement surpris en voyant Bouchard lui apporter, le 19 au soir, la stèle que ses manœuvriers égyptiens retrouvèrent lors du terrassement de la cour du Fort.

L'intuition de l'orgelétain avait en effet sauvé in extremis la stèle des pioches des ouvriers. Bouchard avait deviné l'importance archéologique de cette stèle qu'on appellera désormais « la Pierre de Rosette ».

Menou ordonna immédiatement le transfert de la Pierre à l'Institut d'Égypte au Caire sous escorte commandée par Bouchard en personne. Mais avant ce voyage de Rosette au Caire par le Nil, Menou ordonna à Bouchard, Lancret et à d'autres, de prendre l'emprunte des inscriptions sur la Pierre.

Ainsi, dans le djerme qui transporte la pierre, on peut imaginer des conversations à l'infini entre Bouchard et Lancret sur l'histoire de l'Égypte et l'Institut dont ce dernier était membre. Rappelons que Bouchard n'était plus dans la commission des sciences et des arts depuis le 15 novembre 1798. Ce petit détail, ce grain de sel, changera complètement la suite des événements, car, à l'arrivée au Caire, c'est Lancret qui fera le discours (ou fera lire sa lettre sur la Pierre devant les membres de l'Institut dont les trois anciens maîtres de Bouchard : Monge, Berthollet et Conté).

Bouchard fut immédiatement reconnu comme le père de la découverte et comme le responsable qui assurait avec courage son difficile transfert vers le Caire.

Pourquoi avoir choisi Lancret et non Bouchard pour rédiger le rapport sur la majestueuse découverte ? C'est le début d'une séparation énigmatique entre Bouchard et la Pierre.

Pas très loin de l'embarcation de la Pierre de Rosette, en navigant vers le Caire, un autre événement heureux se déroulait. Bouchard et Lancret entendirent le fracas des canons de la bataille terrestre d'Aboukir où Bonaparte écrasa les Ottomans le 25 Juillet 1799. Voilà pourquoi on trouve aujourd'hui dans

Paris et ailleurs en France, des rues qui portent les noms de Rosette et d'Aboukir. Certaines rues proches de chez nous sont dépositaires de grandes histoires, en amont chez les autres.

Au Caire, la séance historique du 29 juillet 1799 à l'Institut était tellement euphorique grâce à ces deux événements, la découverte de la Pierre de Rosette et la victoire d'Aboukir, que Monge décida d'inviter quelques membres du Divan du Caire dont le célèbre cheikh Al Mohdi[13].

Après cette journée mémorable à l'Institut dEgypte, Bonaparte donna l'ordre à l'amiral Ganteaume (Honoré Joseph Antoine 1755-1818 commandant des forces navales en Egypte) de préparer, dans la discrétion totale, son retour en France. Comme si le général Bonaparte avait besoin de ces deux victoires scientifique et militaire qui étaient à l'image de sa conquête pour pouvoir rentrer dans le pays avec des trophées multiples pour asseoir sa légende.

Dans la toute première séance de l'Institut de France à laquelle il a assisté, Bonaparte, devenu consul à vie, place la découverte de Bouchard en tête de la liste des « gains » de l'expédition. Ce prestige archéologique fut aussi nécessaire que son projet impérial et son triomphe militaire sur les Turcs. « Le prestige, dira Gustave Le Bon, peut remplacer la force, mais la force ne remplace pas le prestige ».

À la fin du mois d'octobre 1798, le commandant des armes d'Alexandrie, Dumanoir Le Pelley, (Kléber fut le commandant général de la place d'Alexandrie) informa Bonaparte de la recrudescence des mouvements des croiseurs anglais devant Alexandrie. Craignant un débarquement sur les côtes égyptiennes, Bonaparte ordonna le renforcement et l'armement des côtes dont le fort Quaït Bey, devenu Jullien à Rosette.[14]

---

[13] Cheikh Mohamed El Mohdi (ou Al Mahdi) vers 1735-1810.Ce copte converti à l'islam fut membre et secrétaire général du Divan du Caire. " Le Divan du Caire a une influence réelle dans la ville, dit Bonaparte, et est composé d'hommes bien intentionnés. Il faut le traiter avec beaucoup d'égards et avoir une confiance particulière dans le commissaire Zoulfikar et dans le cheikh El-mohdi". Correspondance. Lettre au général Dugua, le 21 pluviôse an VII (9 février 1799). Voir aussi les lettres 4290.

[14] Correspondance, lettre numéro 3375 au général Menou. Page 583.

Il s'agissait d'une citadelle maritime que le sultan mamelouk Quaït Bey (1416-1396) avait construite à Alexandrie dans le but de protéger les côtes méditerranéennes de l'Égypte contre les incessants débarquements des croisés. Ainsi, le sultan ordonna la construction d'un fort maritime à Rosette selon le même modèle architectural de celui d'Alexandrie[15].

Si le règne du sultan Qaït Bey fut le plus légendaire de la dynastie mamelouk[16], les deux citadelles jumelles allaient prendre leur part dans la légende de leur sultan. Celle d'Alexandrie serait, selon plusieurs sources, bâtie avec les pierres du phare d'Alexandrie (construit sous Ptolémée I et Ptolémée II entre 229 et 289) lequel faisait partie des sept merveilles du monde.

Peu de temps après l'effondrement du phare en 1303 à cause d'un violent tremblement de terre et un raz de marée, le sultan Qaït Bey lance son projet de doter les côtes méditerranéennes du pays d'un chapelet de forts maritimes comme on vient de le voir.

La fierté de la citadelle d'Alexandrie d'avoir comme ancêtre le mythique phare va se redoubler lorsque Napoléon Bonaparte la choisira lors de son débarquement à Alexandrie comme quartier général.

Quant à sa sœur jumelle de Rosette, qui nous intéresse ici, elle tire sa part de gloire de la célèbre Pierre que Bouchard découvrira en son enceinte en juillet 1799.

Que raconte la Pierre de Rosette ? C'est un autre Ptolémée qui laissa, par le hasard des entrepreneurs, la stèle qui porte son décret à la connaissance de son peuple égyptien. Il s'agissait du pharaon Ptolémée V, Épiphane (210-180 avant notre ère), descendant direct des deux Ptolémée du Phare d'Alexandrie. Comme si Bouchard, de par sa découverte, avait réuni la dynastie des Ptolémée à celle du grand sultan Qaït Bey. Rien ne doit donc nous étonner si Bonaparte, lui aussi futur souverain

---

[15] À 50 km environ à l'est de la côte Alexandrine.

[16] Le plus long règne mamelouk dans l'histoire de l'Égypte (de 1468 à 1496). Il a laissé son emprunte par le faste de son architecture non seulement au Caire, à Alexandrie et à Rosette mais aussi à Jérusalem, à Damas et à la Mecque.

d'Égypte, est appelé par les Égyptiens « le sultan el-kebir », le grand sultan.

Bouchard ne savait pas, au moment de sa découverte, que ce sultan français allait prendre encore des ailes pour devenir, dans les mois qui suivront sa découverte, empereur des Français. Comme si l'acte de Bouchard était la clé à la fois pour comprendre le passé légendaire des Ptolémée et annoncer l'avenir impérial de Napoléon. Si souvent nous parlons d'Alexandre le Grand comme modèle pour Napoléon, les éléments d'une telle approche de l'histoire trouvent dans la découverte de Bouchard toute leur crédibilité.

Ce n'était pas un hasard si Bonaparte, fraîchement élu Consul rangea, dans son premier discours à l'Institut de France, on l'a vu le 27 novembre 1799, la Pierre de Rosette parmi les trois « gains » de l'expédition d'Égypte (avec le projet de percement de l'isthme de Suez et les fouilles d'Alexandrie). Que de figures emblématiques de l'histoire surgiront de la stèle découverte par Bouchard. C'est de l'histoire écoutée aux portes de la légende dira Victor Hugo dans sa *Légende des siècles*.

CHAPITRE VI

Bouchard héros dans la presse parisienne, prisonnier dans les geôles ottomanes

« L'homme est une prison où l'âme reste libre »
Victor Hugo

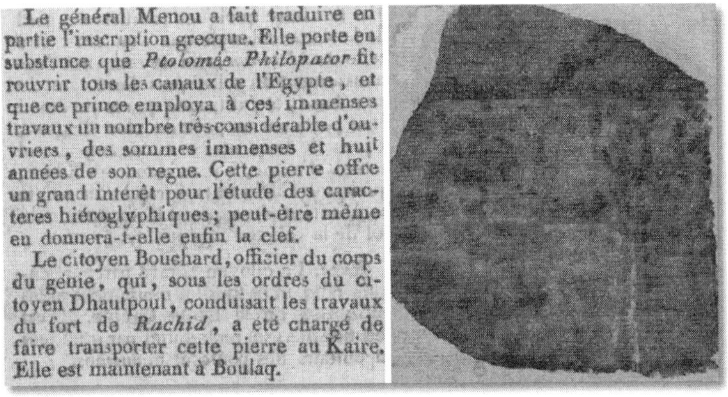

Le général Menou a fait traduire en partie l'inscription grecque. Elle porte en substance que *Ptolomée Philopator* fit rouvrir tous les canaux de l'Egypte, et que ce prince employa à ces immenses travaux un nombre très-considérable d'ouvriers, des sommes immenses et huit années de son regne. Cette pierre offre un grand intérêt pour l'étude des caracteres hiéroglyphiques; peut-être même en donnera-t-elle enfin la clef.

Le citoyen Bouchard, officier du corps du génie, qui, sous les ordres du citoyen Dhautpoul, conduisait les travaux du fort de *Rachid*, a été chargé de faire transporter cette pierre au Kaire. Elle est maintenant à Boulaq.

Le journal « le Courrier d'Egypte » et la première représentation en litographie de la pierre de Rosette (le 29 fructidor en huit, le 15 septembre 1799).

Cette séance à l'Institut d'Égypte du 29 juillet 1799 consacrée à la Pierre de Rosette fut annoncée au monde dans le journal francophone du Caire, *Le Courier* (sic) *d'Égypte* le 29 fructidor an VII (15 septembre 1799), numéro 37. On peut y lire : « Cette Pierre offre un grand intérêt pour l'étude des caractères hiéroglyphiques ; peut-être en donnera-t-elle la clef ». Ainsi le ton est donné et le monde entier est désormais averti de ce trésor entre les mains des savants de l'armée française d'Égypte.

Aussitôt, le jeune Jomard (1777-1862), ingénieur géographe qui sera le maître d'œuvre de la publication de *La Description de l'Egypte* (il jouera un rôle considérable par la suite dans les relations entre l'Egypte et La France) se mit à dessiner fidèlement les inscriptions tandis que Joseph Marcel, directeur de l'imprimerie, appliqua sa méthode de l'authographie pour obtenir une reproduction du texte. À la fin d'octobre de cette même année, le général Dugua rentra en France et communiqua à l'Institut de France ce texte même. C'est par cette copie de l'Institut d'Égypte que Champollion percera, plus tard, le mystère des hiéroglyphes.

D'autres méthodes de reproduction avaient été mises au point par Nicolas Conté (le cuivre gravé) et on peut imaginer que son ami Bouchard avait assisté à ces expériences. Adrien Raffeneau-Delille (1773-1845, ingénieur des ponts et chaussées) lui, réalisa un moulage à base de souffre.

Pendant que les savants de l'Institut d'Égypte se rivalisaient pour réaliser la reproduction non seulement la plus fidèle mais surtout la plus facile, l'impact de la presse avec l'annonce du journal Le Courrier d'Égypte se fit largement écho à Paris.

Le premier fut le journal Le Rédacteur, numéro 1376 du 2 vendémiaire an 8 (24 septembre 1799). Qui n'oublia surtout pas Bouchard comme découvreur mais cita aussi le général Menou et le lieutenant d'Hautpoul. Pour le journal, la découverte de Rosette est une affaire collective suscitée par l'audace d'un seul héro : le lieutenant Bouchard.

Un autre quotidien parisien, *Le Journal de Paris*, lui consacra un reportage sur cette Pierre de Rosette, qui suscita tant de curiosité dans l'opinion, donne amplement les détails de la découverte de Bouchard le 17 janvier 1800. Le jour même, son concurrent parisien *La Gazette Nationale* fait la part belle à Bouchard et à sa découverte.

Pendant ce temps où était le lieutenant Bouchard dont le nom était devenu synonyme de grand conquérant des civilisations anciennes ? Tout le drame de Bouchard était bien dans la réponse qui suivra.

L'orgelétain était très loin de Paris, et même très loin du Caire et de Rosette. Il se trouvait au cœur de la bataille dont dépendait le sort de l'armée française en Egypte, et au-delà, tout le symbole d'une présence française en Orient.

Dans un autre fort militaire, moins célèbre et surtout moins glorieux que celui de Rosette où il trouva la Pierre : le fort d'El-Arich, à l'extrémité du désert du Sinaï égyptien, il subissait les affres d'un siège atroce par les Ottomans qui se termina dans un bain de sang. Bonaparte était rentré en France le 23 août et c'est Kléber qui le succède dans un climat de désarroi total. Kléber n'avait qu'une envie de rentrer avec son armée en France et mettre fin à ce qu'il pensait une aventure montée de toute pièce pour la gloire de Bonaparte. Il décida alors d'entamer des négociations de capitulation avec les Ottomans et les Anglais. Dans la confusion ou par une mauvaise foi, les Ottomans, pressés de reprendre l'Egypte aux Français, mirent le siège devant El-Arich le 29 décembre 1799[17].

Située sur les frontières de l'est égyptien dans le Sinaï limitrophe de la Palestine, la ville antique d'El-Arich fut le théâtre de toutes les invasions terrestres de l'Égypte. Parmi les plus célèbres d'entre-elles, citons celles de Cyrus, d'Alexandre le Grand, de Pompée et de Bonaparte lui-même (qui l'a prise en route vers sa conquête de la Palestine). C'est donc une ville où le sort des empires et les grands rêves de gloire se scellèrent.

---

[17] Voir d'autres détails sur le siège d'El-Arich et le rôle de Bouchard dans la présentation que nous faisons dans son journal à la fin de ce livre.le débat sur le rôle négatif du général Kléber dans l'effondrement du projet oriental de Bonaparte est presque un tabou en France. Soit par rancune à l'égard de Bonaparte (la correspondance de Bonaparte en dit long) qui est rentré (ou déserter selon son expression) sans le mettre au courant. Soit par conviction que la situation de l'armée en Egypte est devenue intenable. Le général Berthier qui fut le chef d'état major en Egypte avant de devenir ministre de la guerre sous Napoléon en France, développe largement cette question dans un rapport célèbre dans lequel il contredit les arguments de Kléber.A voir également « Mémoires du maréchal Berthier, prince de Neuchâtel et de Wagram, majeur-général des armées françaises. Campagne d'Egypte ». Première partie. Ed. Baudoin Frères, éditeur. Paris 1827.

Bouchard se trouvait donc assiégé avec le contingent français dans cette ville et le froid intenable de ce 29 décembre 1799.

Le pire viendra lorsque les soldats de la garnison française du fort refusèrent de combattre. Dans l'espoir ou l'illusion d'être graciés par l'assiégeant ottoman, certains soldats français jetteront même des cordes pour permettre aux assiégeants turcs de pénétrer facilement dans le fort. Situation dramatique qui augure mal l'issue du combat. Coup de théâtre, devant une telle situation, le général Cazals (Louis Joseph Élisabeth 1774-1813) commandant de la place, désigne Bouchard comme parlementaire auprès des assiégeants.

L'homme de la Pierre de Rosette, le polytechnicien parisien, l'inventeur d'aérostations va parlementer avec les plus rudes des adversaires de l'Orient. Bouchard était-il au courant de cette parabole turque « qui veut parlementer est prêt à se rendre » ? Les Ottomans, auraient-ils entendu de cet officier français dont tout Paris parlait ?

Les Anglais qui épaulaient les Ottomans dans leur reconquête de l'Égypte recevaient toute la presse française. Le nom de Bouchard devint ainsi de facto un enjeu politique. De toute façon, les Turcs ne changeront jamais leur nature de prédateurs politiques de premier ordre, pour les bonnes intentions de la garnison française.

À peine arrivé à leur camp, Bouchard est arrêté et considéré comme un prisonnier de guerre. Ainsi, avec l'ennemi civilisationnel, il ne faut pas faire confiance. L'eau, si chaude qu'elle soit, éteint toujours le feu. Bouchard est immédiatement envoyé dans leur prison de Damas où il y restera quarante jours.

À quoi a-t-il pensé pendant ce misérable emprisonnement ? A-t-il pensé à sa fabuleuse découverte, a la vie douce entre le Nil et la Méditerranée, où sous les palmiers regorgés de dattes à Rosette ? Savait-il que pendant qu'il gémissait dans le froid terrible des prisons turques de Damas en cet hiver presque polaire de décembre, le tout Paris parlait de lui ? Etait-il au courant que, dans les salons comme dans les instituts de recherche, on n'attendait que son retour ?

Étrange sort réservé à celui qui réunissait, on l'a vu, par un seul acte les souverains de légendes d'hier et un empereur en gestation en France Les destins trop brillants amènent trop d'orages !

Sous une pluie battante, les Ottomans pénétrèrent enfin dans le fort d'El-Arich. Ce fut un bain de sang. La première chose à faire à leurs yeux n'était autre que passer les soldats de la garnison qui les avaient aidés au fil de l'épée. Ils prirent d'assaut l'hôpital du fort et commencèrent une effroyable mise à mort des malades et des médecins.

Après ce carnage, Kléber décida de tourner la page de la négociation avec les Turcs. Furieux, et dans un désespoir noir, Kléber marcha avec le reste de l'armée et écrase dans le désert d'Héliopolis près du Caire, l'armée ottomane qui s'apprêtait à reprendre la capitale. Une bataille mémorable du 20 mars 1800 : les pertes françaises étaient d'environ 600 tués et blessés et celles des Turcs de 9 000 environ.

Maintenant qu'il est vainqueur, il peut reprendre les négociations pour l'évacuation honorable du pays. Reprise donc des négociations avec la médiation, semi neutre, des Anglais. On aboutit difficilement à un accord d'évacuation avec armes et munitions, mais surtout avec la possibilité de retour des savants français avec leurs travaux, leurs découvertes, leurs documents. On ne parlait pas encore de la Pierre de Rosette.

Entre temps, Kléber est lâchement assassiné par un fanatique syrien et c'est Menou, le commandant de Rosette, qui le succéda. Ainsi le vieux général converti à l'islam devint gouverneur d'Egypte. Les tristes événements qui allaient perturber son règne ne vont pas lui donner le temps de s'occuper réellement de Bouchard mais, paradoxalement, c'est la Pierre de Rosette qui allait s'imposer dans le jeu politique et qui l'opposera, dans le dernier quart d'heure de l'armée française d'Egypte, aux convoitises archéologiques des amiraux anglais.

Bouchard est libéré mais affreusement atteint physiquement et moralement par le drame d'El -Arich Il décide alors de laisser à l'histoire son témoignage sur le siège sanglant d'El-Arich que nous avons le plaisir de reproduire en deuxième partie dans le présent ouvrage.

Au Caire, Bouchard ne croyait pas ses yeux car les généraux Reynier et Belliard contestaient l'autorité du nouveau général en chef, et surtout, son intention de rester en Egypte.

Le général Menou était à leurs yeux un renégat sans gloire militaire. Mais Menou restait fidèle au projet initial de Bonaparte : jeter les bases d'un empire français en Orient.

Il se consacra entièrement au redressement administratif et financier du pays. Mais les savants de l'Institut ne trouvèrent pas en Menou un vrai protecteur dans ces moments difficiles. Ils vivront leurs dernières heures en Egypte dans le plus pénible des désarrois, où ils seront ballottés, avec leurs effets, de bateaux en bateaux entre les Anglais qui convoitaient le fruit de leurs Travaux scientifiques et Menou en colère contre eux car ils décidèrent de rentrer avec l'aide des Anglais.

Pour Bouchard, la partie n'était pas encore terminée. Une grande surprise l'attendait : le général Menou le chargea des fortifications des côtes du Delta du Nil. Un retour à Rosette se profile.

CHAPITRE VII

Menou : Guerre de plume, guerre de soldat

« La peur de l'ennemi détruit jusqu'à la rancune à son égard ».
Fédor Dostoëvski

Lettre des Cheikhs de Rosette au Général Menou

Le général Jacques François Menou (1750-Boussay - 1810 Venise) trouva dans la ville de Rosette l'idéale de son existence de militaire. Celui qui était déjà maréchal de camp pendant la Révolution Française, va exceller dans les combats en Vendée en 1793. Promu général de division, il commanda des sections à Paris en mai 1795 où sa manière forte dans la dispersion les Mutineries du Faubourg Saint Antoine, va attirer vers lui l'admiration du général Bonaparte qui préparait alors sa campagne d'Egypte.

Menou y commanda l'une des cinq divisions de l'Armée d'Orient. Après la prise d'Alexandrie, le 2 juillet 1798, Bonaparte le nomme immédiatement gouverneur de Rosette.

Le général Menou faisait partie de ceux qui croyaient à la presque divinité du projet de Bonaparte de créer un grand empire en Orient à partir de l'Egypte. Sur ce point, il était en total désaccord avec le général Kléber.

Pour réussir ce projet oriental, Menou n'a pas hésité à adopter non seulement les coutumes du pays mais aussi a franchit le Rubicon et décida de se convertir à l'islam.

Dans sa correspondance avec Bonaparte on voit bien que ce dernier considérait cette conversion comme une bonne tactique qu'il ne pouvait pas lui-même adopter en raison de son intention, à court terme, de se préserver l'estime et le respect de ses généraux et à long terme, accéder au pouvoir suprême de la France elle-même.

Le 25 du mois de ramadhan de l'an 1213 de l'hégire (le 2 mars 1799), Menou épouse Zoubeida, fille de Mohamed Ali, al Baweb, un notable de la ville de Rosette dont les origines remontent au Prophète Mahomet.

Après le mariage et la conversion, Menou prend le nom d'Abdallah et signe ses lettres et ses ordres militaires par ce nouveau prénom. Cela a attiré à Menou beaucoup de moqueries de la part de ses pairs dans l'armée.

On sait la suite politique des événements lorsque, contraint par les Anglais, Menou rentre en France avec ce qu'il resta de l'Armée d'Orient après avoir capitulé dans Alexandrie le 31 août 1801. Il s'embarque le 17 octobre 1801 sur la frégate la Diane à Rosette. Menou avait mené une vie de luxe, de loisirs, et de contacts agréables avec une population habituée au voisinage des Européens qui vivaient parmi eux.

Les choses allaient plutôt bien pour le général jusqu'au soir du 19 juillet 1799 lorsque le lieutenant Bouchard, on l'a vu, frappa à la porte de sa maison et lui remit la stèle qu'il avait découverte dans l'après-midi au moment où ses soldats effectuaient des terrassements dans le Fort Qaït Bey en vue d'une fortification hâtive.

Menou est immédiatement pris de passion pour cette Pierre, dont Bouchard et d'autres savants présents parvinrent à lire l'inscription en grec qui s'y trouvait. Il restait deux autres inscriptions qu'ils ne parvenaient pas à lire. Après réflexion et consultation le commandant de Rosette décida que Bouchard emmène la pierre par la voie du Nil pour la remettre aux savants de l'Institut d'Egypte. Très vite, Bouchard prépare le convoi avec l'escorte nécessaire. On raconte que pendant le trajet qui a duré une semaine, Bouchard a passé son temps à dessiner les écritures pendant que Michel Ange préparait un rapport scientifique et archéologique sur la pierre.

Le général Menou a donc décidé du sort de la Pierre, sans savoir qu'elle allait devenir au centre des enjeux politiques, au moment de la capitulation en 1801. En effet, l'arrivée de la Pierre à l'Institut d'Egypte va créer autour d'elle un vaste intérêt scientifique et surtout un bruit médiatique dans la presse parisienne. Les Anglais ont donc saisi toute la dimension archéologique de la stèle qui portera désormais le nom de « Pierre de Rosette ».

Pourquoi les Anglais voulaient tant mettre main basse sur la Pierre ?

Il était clair que dans l'hostilité qui opposait la France à l'Angleterre, le savoir et la science des civilisations facilitaient la course à la colonisation d'un côté, et le prestige d'acquérir des pièces rares appartenant aux empires, de l'autre. Etrange concurrence où le triomphe dans les champs de bataille était devenu insuffisant s'il n'y avait pas l'acquisition des trophées artistiques ou archéologiques.

Ainsi la remise de la Pierre à l'Institut d'Egypte au Caire et le tapage médiatique autour de sa valeur scientifique étaient les premières causes de la perte de la Pierre car désormais les Anglais faisaient d'elle une condition indiscutable pour permettre à l'armée française du général Menou de rentrer, dans l'honneur, en France. Menou dans un premier temps a essayé la supercherie en prétextant que la Pierre était une acquisition personnelle, fruit d'un achat banal dans le souk de Rosette, et payé de son portefeuille personnel. Il essaya vainement d'amadouer d'autres amiraux anglais, mais l'amiral Hutchinson, chef de la flotte britannique en Egypte refusa catégoriquement. Menou va alors vers une autre version qu'il espérait plus convaincante de l'acquisition de la Pierre de Rosette par les savants français. Voici ce qu'il a écrit à Hutchinson le 19 fructidor an IX (le 6 septembre 1801)

« J'ai en ma possession une pierre que j'ai fait déterrer à Rosette et qui porte trois inscriptions différentes. Elle était ma propriété, mais je vous déclare que je comptais véritablement l'offrir à la République en arrivant en France. Vous la voulez monsieur le général ? Vous l'aurez, parce que vous êtes le plus fort et je ne serai pas fâché de publier en Europe que ma propriété m'a été enlevé par les ordres de M le général anglais. On vous a trompé quand on vous a dit que cette pierre était à bord de l'Oiseau ; elle était depuis longtemps dans un magasin d'Alexandrie. Je l'avais fait venir chez moi, je l'en ferai sortir, et vous la prendrez quand il vous plaira »[18]

Devant cette menace de Menou de créer un scandale en Europe à cause d'une pierre, Hutchinson hésita un peu et pour avoir le cœur net il fait appel au grand savant anglais Hamilton. Menou voyait s'amenuiser les chances de garder la pierre, il écrit alors à Hutchison une longue lettre acerbe et rancunière. Il était clair que cette lettre exprimait la forme de la véritable capitulation de l'armée française devant les Anglais. Menou donne à sa plume ici le soin de décrire toute la bataille qu'allait susciter le déchiffrement des hiéroglyphes entre les Français et les Anglais. Pour le général Menou, la honte n'était pas du côté de la France qui a réussi à sa mise en lumière mais du côté des

---

[18] Correspondances Kleber et Menou en Egypte, éd. Alphonse Picard et Fils, Paris, 1900, p.424.

Anglais qui voulaient la considérer comme une banale prise de guerre. Voici la lettre de Menou qui est longue mais qui mérite d'être reproduite ici car elle est une pièce majeure de l'histoire politico-militaire de la Pierre de Rosette[19].

*

Et moi aussi, monsieur le général, je serai enchanté de terminer la guerre de plume avec vous car elle est extrêmement fastidieuse. Je n'aurais pas même eu l'honneur de vous écrire aujourd'hui, si M. Hamilton n'eût fait celui de me remettre ce matin une lettre de vous.

Quant à la guerre de soldat, je ne sais où elle en est en Europe, mais, si elle y continue, comme cela est probable, j'irai vous demander ma revanche.

Quant aux manuscrits coptes, je n'en ai pas un seul, quant aux manuscrits arabes, j'ai comme cela est nécessaire à un vrai sectateur de l'islamisme deux corans et trois ou quatre petits livres de prière. J'imagine monsieur le général que vous avez quelques bibles du rite anglais ; ainsi nous possédons des livres de nos religions. J'ai parlé ce matin à M Hamilton de mes Corans il m'a répondu avec beaucoup d'obligeance qu'on enlevait à personne les livres dans lesquels on pouvait prier, selon le rite de sa croyance religieuse.

Au total, monsieur le général, vous savez mille fois mieux que moi, car votre amour pour les sciences est connu dans toute l'Egypte et dans toute votre armée, vous savez, dis-je, que, dès qu'on achète en Egypte un livre arabe, c'est toujours un manuscrit, car il n'y existe pas d'imprimerie. Je ne sais même, car je suis fort ignorant s'il en existe à Constantinople.

Ce ne sera qu'en Europe, monsieur le général, que je reviendrai sur la Pierre, ma propriété, que vous avez la bonté de me dérober. Vous trouverez peut-être ce dernier mot inconvenant. Mais je ne fais que copier ce même mot, dont vous vous êtes servis dans la lettre que vous m'avez fait l'honneur de m'écrire.

---

[19] Le 26 fructidor an IX (13 septembre 1801).

Quant aux deux statues, il me serait difficile de les dérober car elles pèsent chacune deux ou trois mille livres, et tout le monde peut les voir chez le général Friant. Quant aux autres collections, je m'en réfère à ce que j'ai eu l'honneur de vous mander, et je puis, sur ma parole, vous assurer que je ne me suis jamais exercer dans l'art sublime de dérober.

Et moi aussi, monsieur le général, j'ai appris à juger les hommes par ce qu'ils font et non par ce qu'ils disent. Les débats parlementaires de l'Angleterre offre à cet égard de très solides et très curieuses observations.

Je finis ma dernière lettre en vous priant d'être persuadé... »[20].

*

[20] Idem. P 426-427.

CHAPITRE VIII

L'exil de la Pierre à Londres et la sonde spatiale européenne Rosetta

Celui qui a le contrôle du passé a le contrôle du futur.
Celui qui a le contrôle du présent a le contrôle du passé.
George Orwell.

À son retour au Caire, au terme d'un difficile emprisonnement à Damas, Bouchard assiste au procès militaire des soldats d'El Arich qui restèrent en vie après le massacre de décembre 1799. Ils seront fusillés dans la citadelle du Caire. Une tâche noire dans l'histoire de l'Armée d'Orient.

Bouchard sera accueilli en héros par Kléber et Conté. Il sera promu capitaine et envoyé se reposer à Rosette. Après l'assassinat de Kléber, Menou prendra soin de Bouchard. Le général comptait bien, en pleine négociations avec les amiraux britanniques Sydney Smith, Keith et Hutchinson, garder la Pierre de Rosette que les Anglais considéraient comme une prise de guerre et non pas comme un banal objet que Menou prétendait avoir acheté chez un antiquaire dans le souk du Caire.

La presse qui décrit Bouchard comme le découvreur de la Pierre pourrait être alors utile dans ce jeu de dupes entre Français et Anglais.

Le congé de Rosette tourne aussitôt au vinaigre. Dans sa hargne épistolaire avec les amiraux anglais pour une évacuation qu'il ne souhaite pas du tout, la Pierre de Rosette est devenue le centre des négociations. Menou a tout fait pour que la France garde la Pierre. Nous reproduisons en annexe quelques-unes de ses lettres relatives à la Pierre. Menou demande alors à Bouchard de prendre le commandement du Génie à Rosette et de réunir la garnison dans le fameux fort où il trouva la Pierre quelques mois plus tôt. Il n'y avait dans le fort que quelques centaines de soldats qui manquaient de tout mais qui avaient, contrairement à ceux d'El Arich, la volonté de se battre jusqu'au dernier.

Devant l'attaque de la puissante marine anglaise, la garnison, affaiblie, capitule le 9 avril 1801. Bouchard est fait prisonnier, encore une fois, mais il est renvoyé en France où il arrivera à Marseille le 30 juillet 1801. Quand les britanniques pénétrèrent dans le fort Jullien, ils n'en croyait pas leur yeux, la résistance héroïque des Français ne correspondait point ni avec leur nombre ni avec leur ténacité. Le général Hutchinson qui avait fait venir l'orientaliste Hamilton pour décider de la Pierre de Rosette, visita alors l'endroit où Bouchard avait trouvé la Pierre.

En France, Bouchard va continuer avec ténacité de porter les armes dans d'autres guerres napoléoniennes sans être jamais récompensé avec générosité, ni lui, ni sa femme, ni ses enfants. Je dirais même qu'après Waterloo, le nouveau pouvoir s'acharnait sur lui. Il mourra en militaire à Givet (Ardennes) le 5 août 1822 mais pauvre. Le 27 septembre de la même année, Champollion publie sa célèbre « lettre à monsieur Dacier » où il annonce au monde sa découverte de la clef du déchiffrement des hiéroglyphes. Il aura toute la gloire de l'égyptologie naissante et de l'égyptophilie en gestation. Mais il sera étrangement empêché par les Anglais de voir la Pierre que Bouchard découvrit. Ainsi, le découvreur et le déchiffreur de la Pierre de Rosette n'eurent pas le même traitement du côté des Anglais ? Dans son journal de « La chute d'El-Arich » Bouchard nous apprend qu'il fût libéré des geôles ottomanes grâce à Sydney Smith et que ce dernier l'invita à dîner le lendemain de la chute du fort de Rosette dans les semaines qui suivront. Quelles leçons tirer de ces circonstances ? Il faudra donc un jour chercher dans les archives de la marine britannique pour éclaircir cette zone d'ombre.

Dans la geste de l'expédition d'Égypte, la page Bouchard était annonciatrice d'avenir pour les grands hommes de l'Egypte et de la France. Comme si l'orgelétain n'avait pas voulu d'une gloire contestée comme celle d'un certain Champollion ou d'un certain Thomas Young, ou une gloire contrariée comme celle de Napoléon. Il voulait accomplir ce qu'il pensait un devoir envers sa patrie et envers les sciences. Bien qu'il fit l'objet, à plusieurs reprises, de malheurs militaires, il est resté attaché à sa découverte. N'y a-t-il pas ici une ressemblance avec le sort de la campagne orientale de Bonaparte dans son ensemble : Échec militaire et succès scientifique ?

Il y a quelques années, l'agence européenne de l'espace a lancé la sonde Rosetta en hommage à l'épopée française de la Pierre de Rosette. La lumière de la découverte de Bouchard et le déchiffrement des hiéroglyphes de Champollion circulaient dans l'espace pour nous dire que toutes les ténèbres ne peuvent point éteindre la petite flamme de la mémoire.

Cette aventure collective européenne est en soi un hommage aux deux grands français dont les noms sont intimement liés à Rosette. Elle est surtout un clin d'œil adressé à Pierre François Xavier Bouchard car c'est lui qui s'intéressait à l'espace, et c'est lui qui pressentit depuis l'école d'aérostation de Meudon que l'espace sera la science de l'avenir.

Si Menou n'a pas su garder la Pierre à la France, il fut contraint de la céder à l'Angleterre c'est que le destin met symboliquement dans l'aventure spatiale Rosetta un terme définitif à la querelle franco-britannique autour de la Pierre. Honneur à l'Angleterre qui s'entêtait pour l'acquérir, double honneur à la France qui percera lle mystère de ses inscriptions. La sonde Rosetta annonce par l'ampleur de ses moyens techniques et financiers que la Pierre de Rosette appartient désormais à l'Europe.

En revanche, elle reste pour l'Egypte une pièce majeure de son histoire, dérobée par les uns et les autres. Celui qui ne l'a possédait pas l'a cédé à celui qui ne la méritait pas. Ainsi pensent beaucoup d'Egyptiens. Pour eux la Pierre de Rosette est simplement en exil à Londres. Ils n'ont pas cessé, depuis deux siècles, de réclamer son retour[21].

Notons aussi le projet international « Rosetta Dictionnary » qui est un peu la Pierre de Rosette à l'envers. Il s'agit de graver sur un document inaltérable toutes les langues parlées dans le monde. Il consiste à traduire les textes identiques dans mille langues différentes. La première version s'est achevée en 2002. Quatorze mille textes ont été gravés sur un disque de nickel de cinq centimètres de diamètre, et ce après un grossissement de X1000. Ce disque est capable de supporter des températures avoisinant 1500 degré et devrait encore être lisible dans plus de dix mille ans. Ainsi, la Pierre de Rosette qui nous rappelle la mémoire de Bouchard n'a pas fini de nous propulser dans le futur. Il sera probablement temps de l'insérer dans la liste des plus belles merveilles du monde.

En cette année 2021 où le monde célébrera les deux cent cinquantième anniversaires de la naissance de Bouchard à Orgelet, nous avons tout le droit et l'espoir de rallumer son souvenir.

[21] Voir les récentes déclarations de Tarek Tawfiq, directeur du Grand Musée Egyptien dans le Figaro du 8 novembre 2018.

DEUXIÈME PARTIE

LA CHUTE D'EL-ARICH, JOURNAL INÉDIT DE GUERRE DE BOUCHARD

PRÉSENTATION DU JOURNAL

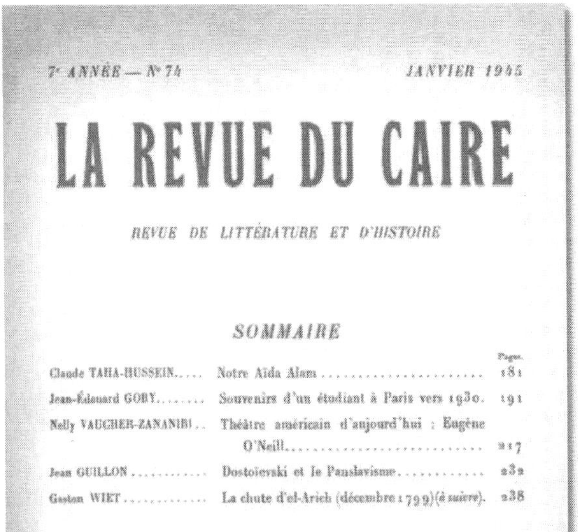

7e ANNÉE — No 74 JANVIER 1945

LA REVUE DU CAIRE

REVUE DE LITTÉRATURE ET D'HISTOIRE

SOMMAIRE

CHRONIQUE DES LIVRES

Jean Dupertuis

rdc

ÉGYPTE : 10 PIASTRES

LE CAIRE. — IMPRIMERIE DE L'INSTITUT FRANÇAIS D'ARCHÉOLOGIE ORIENTALE

Sous l'occupation allemande de la France de Vichy, l'appel du 18 juin du général De Gaulle fut entendu au-delà de l'hexagone pour atteindre le Caire où vivait une importante colonie française.

Aussitôt l'Appel fût diffusé en Egypte sur les ondes de la BBC en arabe qui émettait depuis Jérusalem. Ainsi fut constitué le comité égyptien de la France libre sous la présidence du baron De Benoît, alors leader de la Compagnie Universelle du Canal de Suez. La fonction de la vice-présidence fut confiée à l'érudit orientaliste français le plus célèbre de l'époque : Gaston Wiet. L'homme mérite une attention particulière car c'est grâce à lui que Bouchard va retrouver, sur les bords du Nil, une deuxième vie.

Né à Paris en 1887, Gaston Wiet est propulsé, comme par une force des mille et une nuits, vers l'Egypte arabo-musulmane dès sa jeunesse. Il est déjà pensionnaire de l'IFAO (Institut Français d'Archéologie Oriental) alors qu'il n'avait que vingt ans. C'est au Caire qu'il sera élève de Louis Massignon et de Gaston Maspero. On comprend la raison pour laquelle chez Wiet l'érudition de la civilisation de l'islam est toujours doublée d'un penchant très prononcé pour l'archéologie. Chez Gaston Wiet, celui qui n'a pas compris l'architecture de la mosquée Ahmed Ibn Toulon au Caire, ne peut pas comprendre la moitié du Coran.

En 1914, le prince Ahmed Fouad, le charge de collaborer avec Louis Hautecœur pour recenser les mosquées du Caire. Devenu roi, Fouad 1er lui confie la direction du musée d'Art arabe du Caire. Il y restera jusqu'en 1951. Ce long séjour égyptien ne l'a pas empêché d'enseigner en France, de donner des conférences partout dans le monde, de collaborer aux plus importantes revues et organes scientifiques dans le monde. À sa mort en 1971 à Neuilly sur Seine il laissa derrière lui un héritage scientifique considérable sur la civilisation arabe.

En 1944, où la France est déchirée et résiste douloureusement à l'occupation, Gaston Wiet décide de publier en épisodes le rapport de Bouchard sur le dramatique siège du Fort d'Al-Arich par les Ottomans en décembre 1799. À l'intérieur du fort, soldats et officiers se déchiraient pour la démarche à suivre vers une imposante armée ottomane qui assiégea alors ce fort. Grand clin d'œil de Gaston Wiet à la situation française mais aussi à l'injustice faite à Bouchard par un oubli incompréhensible à son œuvre et à sa mémoire pendant ce combat héroïque de quelques Français qui refusèrent de se rendre aux Ottomans malgré, non seulement l'écrasante supériorité des Ottomans en nombre (6000 contre 500 Français) mais aussi le défaitisme de leurs propres concitoyens.

Gaston Wiet nous donne deux informations importantes sur l'origine du manuscrit de Bouchard.

« Ce journal m'a été aimablement communiqué par monsieur Raoul Rousseau, à qui j'adresse ici l'expression de ma vive reconnaissance »[22].

Il n'oublie pas que Bouchard est à l'origine de la fantastique découverte de la Pierre de Rosette : « Ce journal a été rédigé par le capitaine Bouchard dont le nom est bien connu des archéologues. En effet ce fut le capitaine Bouchard qui mit la main sur la Pierre dite de Rosette dans les excavations qu'il faisait faire pour réparer le vieux fort situé à quatre cent cinquante mètres au nord de Rosette, sur la rive gauche du Nil »[23].

Cependant l'orientaliste se plaint du manque de renseignement sur la vie de Bouchard sauf qu'il est né en 1772 (on a vu que Bouchard est né en 1771) et qu'il était ancien élève de l'école polytechnique. Wiet termine sa courte présentation du texte de Bouchard par une brève louange à son égard : « Cet officier de génie fut compté parmi les sujets intelligents de l'armée d'Egypte. Il mourut en 1832 »[24]. On sait que Bouchard est mort plutôt en 1822 mais cela n'enlève en rien la crédibilité de grand orientaliste.

En effet, le journal de Bouchard est une dramatique description de ce qui s'est passé dans la garnison française de la ville d'El-Arich en décembre 1799. Bonaparte avait quitté l'Egypte, pour ne pas dire déserter, en août de la même année. Son successeur, le général Kléber, entama alors, on l'a vu, des

---

[22] La Chute d'El-Arich, Revue du Caire, novembre 1944 p.83, le Caire 1944.
[23] Idem, p. 83.
[24] Idem, p. 83.

négociations d'évacuation de l'Egypte avec les Ottomans et les Anglais.

Une imposante armée ottomane présidée par le Grand Vizir en personne, était sur le point de pénétrer en Egypte pour reprendre le pays aux Français. Dans la confusion et l'attente des réponses des uns et des autres et dans un interminable échange épistolaire entre les trois parties, l'armée ottomane mis le siège devant le fort français d'El-Arich, ville clef pour envahir le pays par voie terrestre.

Le général Casals, commandant de la place avait pour conseil et expert en fortification Pierre Bouchard. Devant l'insubordination d'une partie des soldats à qui les Ottomans réussirent à faire miroiter sécurité et argent, Bouchard tenta vainement de les convaincre de résister. Une partie des officiers et hauts gradés de la garnison prirent même les postes des soldats défaitistes pour préparer le fort à a résistance.

C'est à ce moment que Casals envoie Bouchard parlementer une capitulation digne et dans la plus stricte tradition militaire. Bouchard, une fois qu'il ai traversé les lignes, fût immédiatement arrêté et emprisonné. Il nous décrit ses moments difficiles dans les menus détails notamment dans l'attente d'autres militaires français.

Il nous décrit amplement tous les personnages qui ont afflués sous sa tente, notamment un certain russe pro-français qui travaillait pour les ottomans du nom de Frankini. On voit passer tour à tour les grands antagonistes de cette guerre : l'Amiral célébrissime Sydney Smith, le colonel Bromley (Bouchard nous révèle dans une note intéressante la vraie identité de ce français passé au service des Anglais), et une galerie de portraits de personnages ottomans où la barbarie le dispute à un comportement humaniste souvent inattendu.

Bouchard nous fait part également des tractations politiques entre Kléber et ses deux émissaires, le célèbre général Desaix et l'administrateur des finances Pousseillgu avec Sydney Smith, en vue de l'évacuation. Mais Kléber ne connaissait pas le coup de force des ottomans à El-Arich et n'était pas au courant des incidents à l'intérieur de la garnison. Furieux, Kléber marcha sur Helliopolis et écrasa, trois mois plus tard les ottomans dans une bataille mémorable qui rendit aux français d'Egypte, l'honneur perdu à El-Arich.

Bouchard est libéré grâce à une intervention de l'Amiral Sydney Smith. Il le confirme lui-même dans son journal. Il est libéré et renvoyé en Egypte avec le général Casals sur le brick français Le Lodi. Il arrive à Damiette puis transporté à Semenoud où il nous fait une belle description de la générosité égyptienne envers les militaires français épuisés par la pire des prisons.

« Nous arrivâmes à Semenoud le 9 (28 février). Je dois un témoignage de reconnaissance aux cheikhs de cette ville pour l'intérêt qu'ils ne craignirent pas de nous montrer.

Ils vinrent nous recevoir sur la rive, nous conduisirent dans un okel où ils nous offrirent du café, des fruits et nous donnèrent à souper. Ils auraient voulu retarder notre départ pour avoir le plaisir de nous garder plus longtemps parmi eux »[25].

À leurs arrivées au Caire, Casals et Bouchard sont reçus par le général Kléber. Coup de théâtre : Kléber ordonna l'emprisonnement de Casals à la Citadelle du Caire dans l'attente de la constitution d'une commission disciplinaire. Quant à Bouchard, il est libéré et salué par Kléber et son état Major.

En février 1800, Bouchard écrit une longue lettre au général Kléber dans laquelle il innocente Casals de toute accusation et lave son honneur. Une fois à Paris en 1803, le commandement de l'armée lui demande une réécriture de cette lettre dans le cadre d'une large enquête demandée par Bonaparte en personne sur la responsabilité des uns et des autres du drame d'El-Arich, en particulier, et de la perte de l'Egypte, en général.

Dans un rapport détaillé, le général Berthier, alors ministre de la guerre et célèbre chef d'Etat Major de Bonaparte en Egypte, réfute les arguments de Bouchard et les juge trop en faveur de Kléber et Casals. En 1830, alors que Bouchard était déjà mort depuis 1822, et pendant que le monde entier ne parlait que de la découverte du déchiffrement des hiéroglyphes par Champollion, l'armée ordonne la constitution d'une autre

[25] Idem. P 431.

commission d'enquête. Car, entre temps, la correspondance du général Kléber avec le général Desaix (dans laquelle Kléber avoue que la ville d'El-Arich était tombée à cause d'une trahison dans la garnison et qu'il avait ordonné de fusiller) fit scandale car les soldats soupçonnés de trahison furent sévèrement condamnés lorsque Bouchard et Casals furent épargnés.

La lecture de Bouchard dans ce texte donne à réfléchir sur l'ensemble de l'expédition d'Orient et notamment sur ces faits militaires volontairement occultés par les historiens.

A-t-on remarqué l'absence totale de la Pierre de Rosette dans ce journal ? Comme si Bouchard, devant le drame humain de la guerre, s'était déjà désisté de son rôle de découvreur immense d'une des plus belles trouvailles archéologique de tous les temps devenue pour lui, vu les misères qui tomberont sur lui et par la suite dans les guerres napoléoniennes en Europe, comme une malédiction des pharaons.

LA CHUTE D'EL-ARICH
Journal de guerre du capitaine Bouchard

Suivi de « Eclaircissement »
des enquêtes de l'Armée française
et la conclusion de Gaston Wiet

LA CHUTE D'EL-ARICH
(décembre 1799)

Journal historique

Le 28 (19 décembre), la garnison reçut l'ordre de rentrer dans le fort, et le détachement de dromadaires qui devenait inutile au service, fut renvoyé à Katieh. Le courrier du Visir repassa le 30 frimaire (21 décembre) chargé de dépêches pour le général en chef Kléber. Il déclara au commandant qu'il ne se mettrait pas en route pour Katieh s'il ne lui donnait une escorte de 30 hommes. Cette demande extraordinaire, fondée sur la crainte que lui causaient les Arabes bédouins, n'était probablement qu'une misérable ruse pour affaiblir notre garnison. M. Gazais était bien disposé à ne lui donner que 2 hommes, lorsqu'un détachement de dromadaires venant de Katieh se présenta fort à propos pour aplanir la difficulté. Il servit à son retour d'escorte aux Tartares.

Ce détachement avait accompagné trois effendis faits prisonniers à Abouqyr, qui étaient échangés contre, des officiers français rendus par les Anglais. Il annonça que la garnison de Katieh avait l'ordre de se retirer à Salahieh, lorsque le fort d'el-Arich serait attaqué, et cette nouvelle, répandue inconsidérément ne contribua pas peu à jeter l'inquiétude dans la garnison.

L'officier qui commandait le détachement de dromadaires emporta la dépêche du commandant du fort pour le général en chef Kléber ; ce fut la dernière fois que l'on communiqua avec l'armée française ; l'armée ottomane marchait sur el-Arich.

La garnison était d'environ 450 hommes[26]. Elle se composait du 1er bataillon de la 13e demi-brigade d'infanterie, d'une compagnie de canonniers, de 4 compagnies de sapeurs et de 4 mineurs, de 3 officiers du génie dont le chef commandant le fort, de deux officiers de santé et des employés civils de l'hôpital, des magasins et de la munitionnaire.

L'artillerie était composée de 4 pièces de 8 et de 4 pièces de 4, de 9 obusiers de 6 et de 3000 boulets et obus avec la poudre nécessaire ; il y avait 300.000 cartouches d'infanterie.

Journal du siège d'El-Arich par l'armée ottomane

Le 1er nivôse (22 décembre 1799), à 4 heures du matin le poste établi sur la hauteur X aperçut quelques pelotons de cavalerie, fit feu dessus et se retira sous les murs du fort. Toute la garnison prit les armes.

Au point du jour, on observa dans les environs plusieurs corps de Mameloucks et de cavalerie turque, et on les éloigna par le feu de l'artillerie et de la mousqueterie.

À dix heures, on vit arriver par la route de Syrie une partie de l'armée ottomane, avec un convoi de chameaux très étendu. Une partie des troupes campa sur les hauteurs à la droite du torrent ; d'autres s'établirent dans le bois de palmiers et au pied de dunes. Un corps de Mameloucks se porta au puits de Messoudiah, et établit un poste à la vue du fort, sur la montagne de sable qui l'avoisine. Un autre corps de cavalerie, en remontant le lit du torrent, alla occuper la gorge du désert.

Notre premier soin fut de combler les citernes AA[27] où l'ennemi pouvait prendre de l'eau ; nous renforçâmes en même temps les parapets des tours avec des briques crues, de manière à leur donner 1 mètre et demi d'épaisseur ; nous blindâmes l'ouverture du puits et la porte du magasin à poudre[28]. Les parapets furent garnis de sacs à terre, et une banquette fut

---

[26] Elle se trouvait diminuée par la perte du détachement qui avait été surpris par l'ennemi le 25 et par le départ des dromadaires. (Note de l'auteur.)

[27] Ce sont les citernes situées sur les bords du torrent près de son embouchure. (Note de l'auteur.)

[28] Situé dans la tour A. (Note de l'auteur.)

disposée dans le fossé H[29] pour donner la facilité de faire feu par-dessus la contrescarpe.

À 4 heures du soir, un parlementaire turc accompagné d'un soldat français prisonnier, vint au nom de Rajeb Pacha, serasquier de l'armée ottomane, sommer le commandant de remettre le fort entre les mains des Osmanlis et le prévenir que s'il ne se rendait, il n'aurait pas de quartier à espérer. M. Cazals répondit qu'il défendrait jusqu'à la dernière extrémité la place qui lui avait été confiée comme l'exigeaient son honneur et son devoir.

Lorsque la nuit fut arrivée, le commandant expédia pour l'Égypte un espion arabe qu'on avait retenu jusqu'à l'apparition de l'armée ottomane. Il était porteur d'une petite lettre qu'on avait cousue entre deux pièces de sa chemise et qui était adressée au général en chef[30].

À la faveur de quelques éminences, l'ennemi avait établi une batterie E de deux mortiers sur la droite du chemin qui conduit à la mer. Cette batterie commença à tirer à 11 heures du soir et continua toute la nuit. Un petit nombre de bombes tomba dans l'intérieur du fort. Ces bombes étaient de 6 de diamètre. Dans le même temps, l'ennemi profita de l'obscurité de la nuit pour commencer ses travaux. Il ouvrit sa première parallèle à la distance de 500 mètres de nos murailles. De notre côté, nous fîmes un feu continuel de nos deux obusiers sur la batterie ennemie et sur le terrain où les travailleurs étaient étendus.

Nous reconnûmes, à la pointe du jour, le travail des assiégeants. Cette première parallèle embrassait la tour A et la face du Nord. Cent drapeaux de toutes couleurs flottant sur ses revers indiquaient la direction. Toute notre artillerie fut dirigée sur elle pour en retarder les progrès.

Dans la crainte que les Turcs ne se jetassent dans les ruines en avant du fort, une compagnie d'éclaireurs, prise dans toute la garnison fut chargée de les occuper et de les défendre pied à pied. Cette compagnie occupa la hauteur X par un poste avancé

---

[29] Le fossé de la lunette qui couvrait la porte. (Note de l'auteur.)
[30] Lorsque nous fûmes de retour au Caire nous eûmes la certitude que cet espion n'avait point apporté au général en chef la lettre dont il avait été chargé. (Note de l'auteur.)

qui eut ordre de se retirer lorsque la nuit serait assez obscure pour dérober sa retraite à l'ennemi. La garde de la lunette et du fossé voisin fut confiée à la compagnie de grenadiers.

Les parapets du fort, qui n'avaient que 5 décimètres d'épaisseur et qui étaient maçonnés avec de la terre, ne présentaient pas une résistance susceptible d'arrêter les boulets du plus fort calibre. On prévit qu'ils pouvaient être détruits en totalité ou en partie, et on s'occupa de préparer des échafaudages de charpente pour placer les fusiliers. Ces échafaudages consistaient en pièces de bois scellées intérieurement dans les murs à 1 mètre 3 décimètres au-dessous du rempart, et en madriers placés horizontalement sur elles. Les hommes placés sur ces échafaudages auraient fait feu par-dessus le rempart lorsque le parapet aurait été abattu.

Dans cette journée, l'ennemi continua sa première parallèle et construisit à sa gauche une batterie G, dans laquelle il plaça de l'artillerie à 2 heures de l'après-midi. Mais soit que son travail eût été retardé par notre feu, soit que ses pièces eussent été démontées, cette batterie ne tira pas de la journée.

Dès le matin, plusieurs petits bâtiments ennemis s'approchèrent de la côte, mouillèrent et débarquèrent des provisions pour l'armée ottomane. Le mouillage était un peu à l'est des palmiers, par le travers des montagnes de sable qui s'élèvent à la droite de l'embouchure du torrent. Toute la nuit, les Turcs nous envoyèrent des bombes, dont une partie tomba dans le fort sans nous faire aucun mal. Ils avaient ajouté un mortier à leur batterie.

Ils perfectionnèrent la première parallèle et ouvrirent la seconde à 300 mètres du fort, vis-à-vis la face de l'est ; ils établirent deux batteries, l'une de 3 pièces de canon de 8, l'autre de trois de 6, en nord et ouest, vis-à-vis la face du nord et terminèrent leur première batterie en G. Ils ne cessèrent de crier dans leurs tranchées et dans leurs batteries.

Pendant que nous cherchions, par un feu d'artillerie bien soutenu, à retarder les travaux des assiégeants, les sapeurs commencèrent à retrancher le puits M qui fournissait une partie de l'eau nécessaire à la garnison. Ils l'enveloppèrent par une tranchée qui communiquait dans le fossé en dehors des palissades. Ils travaillèrent également à l'établissement d'un poste retranché P, au pied du bastion en construction et d'un semblable O sur la crête du glacis de l'est.

L'ennemi, dès la pointe du jour, fit un feu très vif de toutes ses batteries ; mais notre artillerie, quoiqu'inférieure en nombre, eut une supériorité marquée tant par la justesse de ses coups que par la célérité de son service. À midi, la batterie G de 3 pièces de 8 fut réduite au silence et ne tira plus de la journée. Le feu des mortiers lui succéda. La 2e parallèle fut continuée en avant de la tour A et devant la face du nord ; elle passait sur la hauteur X que nos éclaireurs avaient abandonnée la veille, et s'appuyait sur une éminence de sable près du vallon des citernes. Des postes d'infanterie turque furent établis sur les montagnes de sable au sud du fort. Le Grand Visir arriva ce jour-là avec des troupes nombreuses et un grand convoi d'artillerie. Il établit son quartier général sur la montagne de sable voisine du petit bois de palmiers.

Nos travaux défensifs furent continués avec beaucoup d'activité. Le poste P au saillant du bastion fut terminé et sa garde augmentée. Nos mineurs ayant reçu l'ordre de pousser un rameau sous le glacis, sur le prolongement de la capitale de la tour A, ouvrirent un puits au pied de cette tour dans le fossé.

Les embrasures des tours qui étaient en maçonnerie de pierre et de terre, furent bientôt dégradées tant par le vent des boulets que par le choc des projectiles de l'ennemi. Pour les réparer, nous construisîmes, avec des madriers de palmiers, des espèces de coffres dont on remplissait les côtés avec des sacs à terre.

Ces réparations ne pouvant pas se faire de jour, tant parce qu'elles auraient suspendu le feu de nos batteries que parce que les canonniers auraient été trop exposés aux coups de l'ennemi, on y travailla une partie de la nuit.

Les retranchements du puits M et du poste O furent bien avancés par les sapeurs ; les mineurs continuèrent leur travail. Pendant qu'une partie de la garnison était ainsi occupée à préparer les moyens de défense, l'infanterie rangée sous les remparts, celle qui occupait la lunette, le fossé et les divers postes extérieurs faisaient sur les travaux plus rapprochés de l'ennemi un feu très vif de mousqueterie.

Les Osmanlis continuèrent et perfectionnèrent la 2e parallèle et ils établirent vers la droite une communication de la 1re parallèle à la 2e. Ils jetèrent quelques postes dans les tombeaux et sur le bord des ruines, en avant du fort. Ils en établirent quelques autres au sud-est, dans les trous S creusés clans le sable, depuis le sommet de la montagne d'observation jusqu'à la gauche de la 2e parallèle ; ils tirèrent toute la nuit une grande quantité de bombes qui manquèrent rarement le but, mais qui ne nous firent aucun mal. Ces projectiles étaient peu dangereux pour nous, à raison du peu de largeur de nos remparts et du vide qui existait dans l'intérieur du fort.

Le feu des batteries ennemies commença avec le jour et se soutint jusqu'à la nuit. Le fort y répondit sans interruption et avec beaucoup de vivacité. Notre infanterie et celle des Turcs, qui occupait leurs postes avancés, entretinrent toute la journée un feu roulant de mousqueterie. Vers les 10 heures du matin, l'ennemi commença à découvert la communication U de la 1re à la 2e parallèle. Une foule de Turcs portant des drapeaux sortirent précipitamment de la 1re parallèle et, planant leurs drapeaux sur les alignements convenus, s'enfoncèrent ensuite des pieds et des mains dans le sable. Un grand nombre de travailleurs arrivèrent ensuite avec des outils pour continuer ce travail qui fut appuyé par un grand feu des batteries de la 2e parallèle.

Dans le même temps et pour diviser nos moyens, il faisait filer par le vallon des citernes un grand nombre de tirailleurs qui parvinrent à repousser nos éclaireurs de gauche jusque dans le fossé, prirent position dans les ruines en avant de la tour D et inquiétèrent beaucoup nos canonniers.

Nous n'aperçûmes pas plus tôt les Turcs sortant de la 1re parallèle que nous fîmes pleuvoir sur eux une grêle de balles et de boulets. Leur opiniâtreté à y résister dut leur coûter beaucoup de monde ; le sable était sillonné de nos coups, les hommes et leurs drapeaux culbutés, mais les uns et les autres étaient aussitôt remplacés. Nous ne pûmes que retarder ce travail qui, jusqu'à la nuit, se borna à des trous dans lesquels les Turcs accroupis étaient un peu à couvert de notre feu.

Le succès fut plus complet sur les tirailleurs qui s'étaient portés sur notre gauche. Une sortie vigoureuse dirigée par le commandant du fort, les débusqua de tous les points où ils s'étaient établis, les força à une retraite précipitée et leur fit beaucoup de mal. Plusieurs de ces tirailleurs emportèrent des blessés sur leur dos. Nos éclaireurs rentrèrent dans leur position. À l'entrée de la nuit, le commandant de l'artillerie vint avertir M. Cazals qu'il y avait du mouvement dans la garnison et qu'un écrit séditieux avait circulé parmi les soldats et avait été signé par plusieurs. Aussitôt, les chefs des différentes compagnies en furent prévenus et il leur fut recommandé la plus grande surveillance.

À 8 heures, un caporal de la 13e demi-brigade apporta une lettre au commandant. Cet homme fut interrogé scrupuleusement, mais il ne put ou ne voulut donner aucune indication ni sur le contenu de la lettre ni sur la personne qui la lui avait remise. Il parut être étranger au complot. Son nom, du moins, ne se trouva point parmi les signataires. Le commandant Cazals, après avoir lu cette pièce monstrueuse, fit aussitôt rassembler les officiers de la garnison (ceux de service au-dehors exceptés) ; il leur exposa les ressources de la défense et les opérations lentes de l'ennemi. Il leur fit voir que la position de la garnison n'était point critique, et représenta que le devoir et l'honneur commandaient impérieusement une défense de laquelle dépendait peut-être le succès de la campagne du Visir. Il donna ensuite communication de la lettre qu'il venait de recevoir.

Cette lettre couverte de 80 signatures de soldats et sous-officiers de divers corps, était conçue à peu près en ces termes :

« Au fort d'el-Arich, le 4 nivôse an VIII de la République une et indivisible.

« Prudence, méfiance, souvenance à Jaffa.

« Les soldats composant la garnison d'el-Arich au citoyen commandant le fort.

« Vous voudrez bien, citoyen commandant, remettre le fort que vous commandez à l'ennemi, dans le délai de 12 heures. Convaincus que nous ne pouvons plus faire de résistance, vu qu'il n'y a plus ni instruments, ni médicaments pour les blessés, nous vous invitons à finir cette affaire et vous aurez l'estime de vos camarades. »

À la lecture de cette sommation, chaque officier fut saisi de l'indignation la plus profonde. Tous craignirent de rencontrer dans les signatures les noms de quelques hommes de leurs compagnies. Il fut arrêté à l'unanimité que le lendemain au point du jour, toute la garnison serait assemblée, qu'on lui ferait connaître sa position et qu'on chercherait à lui faire sentir de quel déshonneur elle se couvrirait aux yeux mêmes de l'armée ottomane, si par une conduite aussi odieuse, elle se mettait à sa discrétion.

Les officiers étant retournés à leurs postes, le commandant et moi sortîmes avec une compagnie de sapeurs pour travailler à un retranchement MM, dont l'objet était de procurer un double rang de feux sur la face de l'ouest, dont le pied était entièrement accessible.

Une autre compagnie de sapeurs termina le retranchement du poste I et continua celui du puits M. L'ordre et la tranquillité ne furent troublés ni dans les travaux ni dans les postes. Pendant cette nuit, l'assiégeant établit sur la hauteur Z une batterie de deux pièces de canon de 6 et chemina dans le vallon YY, à couvert de nos feux. Vers les 11 heures du soir, les Turcs que l'on conduisait pour ce travail firent une vive fusillade en traversant le vallon des citernes ; le fort n'y répondit pas. La batterie de mortiers tira par salves toute la nuit sans aucun succès. On remarqua qu'elle avait été rapprochée de la 1re parallèle en E.

À la pointe du jour, la garnison fut rassemblée dans l'intérieur du fort ; il ne resta au-dehors que la garde strictement nécessaire. Le drapeau de la 13e demi-brigade étant arrivé, le commandant Cazals parla ainsi aux soldats :

« La garnison d'el-Arich (va) se déshonorer et pour la première fois on verra les Français préférer de se rendre lâchement à l'honneur de combattre... Avez-vous oublié que vous êtes l'avant-garde de l'armée et que vos frères d'armes comptent sur vous pour arrêter l'ennemi pendant qu'ils se réunissent pour venir à votre secours ? »

Il leur parla ensuite des ressources et des avantages de notre position, leur représenta que les craintes qu'ils avaient témoignées sur l'insuffisance des moyens pour secourir les blessés étaient (sans) fondement et leur reprocha de s'être laissés séduire par des conseils perfides et par des promesses astucieuses.

« Vous espérez, ajouta-t-il, être conduits en France, mais vous n'ignorez pas les obligations que le devoir et l'honneur vous imposent envers votre patrie ; la France rejettera de son sein ceux qui l'auront trahie et déshonorée. »

Dès le commencement de son discours, le commandant fut interrompu par des cris séditieux qui sortaient principalement de la compagnie des grenadiers. Il eut beaucoup de peine à se faire entendre. Lorsqu'il eut fini de parler, le tumulte augmenta et la majorité de la garnison se montra avec les plus mauvaises dispositions.

Le chef de bataillon de la 13e demi-brigade et tous les officiers réunirent en vain leurs efforts pour ramener ces hommes à l'obéissance et les rendre accessibles à la voix de l'honneur.

La sédition commençait à devenir très inquiétante, lorsque le commandant demanda et obtint un moment de silence.

« Soldats, leur dit-il, si tout ce que vous venez d'entendre ne peut vous satisfaire ; s'il se trouve parmi vous des lâches qui veuillent se déshonorer, qu'ils parlent et aillent trouver l'ennemi. Je vais faire ouvrir les portes. Quant à moi, je me défendrai jusqu'à la dernière extrémité avec les officiers et les braves qui ont les sentiments français. »

À l'instant, les portes furent ouvertes, mais la troupe resta immobile. La ferme résolution du commandant étonna les mutins. Au tumulte, aux cris séditieux, succédèrent l'ordre et le silence ; la garnison parut disposée à se défendre et les diverses compagnies rentrèrent à leurs postes.

Le feu du fort qui avait été très vif dès le commencement du siège le fut de même depuis cette époque. On tira dans la journée 400 coups de canon et d'obusier, et 14.000 coups de fusil. Les batteries de l'ennemi furent bien servies toute la journée, mais c'est principalement dans la matinée que l'on y remarqua une activité extraordinaire. On verra par la suite à quoi tenait cette dernière circonstance.

La batterie Z, dont le travail était dirigé par les officiers anglais, fut continuée avec beaucoup de peine et d'opiniâtreté. Cette batterie, à peu près aussi élevée que la tour D, plongeait dans la lunette et le fossé, et devait enfder la face AD ; mais le prolongement de cette face avait été mal saisi et cette faute, qui enlevait à l'ennemi une partie des avantages de sa position, nous procura la facilité de réunir sur elle l'artillerie des trois tours G, D, A, qui en retarda beaucoup la construction. Les Anglais nous tirèrent cependant quelques coups de canon avant la nuit.

Les Turcs continuèrent de s'avancer dans le vallon Y sans être vus du fort. Leurs travaux sur les faces du nord ou de l'est parurent très ralentis.

Vers la lin du jour, le commandant fit convoquer les officiers et leur proposa de faire arrêter les soldats que l'on pourrait reconnaître comme les chefs de l'insurrection ; mais cette mesure leur parut inexécutable dans la circonstance où l'on se trouvait, vu le grand nombre de signatures appuyées par la grande majorité de la garnison et le mécontentement général des troupes qui se regardaient comme sacrifiées depuis qu'elles avaient appris que le poste de Katieh devait être évacué à l'arrivée de l'ennemi devant el-Arich. Il leur parut aussi qu'étant éloignée de 16 myriamètres de Salahieh et assiégés par une armée considérable qui nécessitait la réunion de toutes nos forces, nous n'avions pas les moyens suffisants pour réprimer et punir les séditieux qui faisaient cause commune.

À défaut de cette mesure, le commandant leur recommanda la plus exacte surveillance et les engagea à donner aux troupes l'exemple de la fermeté, du dévouement et de l'honneur.

Deux compagnies de sapeurs, dirigées par mon collègue Piquet, travaillèrent pendant toute la nuit au retranchement MM. Les deux autres, sous mes ordres, perfectionnèrent le retranchement du puits et aidèrent les mineurs dont le travail commençait à être très pénible.

Sur les 10 heures du soir, j'entends du poste I et du retranchement M l'ennemi qui travaillait à se loger en GG, et j'essayai de le chasser de cette position, d'où il pouvait nous chagriner. Je plaçai une compagnie de sapeurs dans le poste 1, disposai l'autre dans le retranchement M, et fis faire sur les Turcs une fusillade extrêmement vive. Ceux-ci, effrayés, prirent la fuite en poussant de grands cris, se crurent poursuivis par mes soldats et (se) jetèrent dans la 2e parallèle qui fut entièrement abandonnée ; tous se sauvèrent dans la première parallèle et firent de là un feu terrible de mousqueterie sur le terrain qui se trouvait devant eux. Les batteries G, N, 0, tirèrent également sur le fort, jusqu'au moment où l'ennemi, revenu de sa frayeur, se glissa dans la 2e parallèle. Il ne cessa de crier tout le reste de la nuit. La batterie de mortiers nous chauffa sans interruption. Plusieurs bombes, dépassant le fort, tombèrent dans le vallon Y au milieu de ses travailleurs.

Les tranchées de l'assiégeant, dans ce vallon, avançaient d'une manière rapide, mais toujours sans être aperçues. On y jeta beaucoup d'obus pour inquiéter les travailleurs, et on veilla avec le plus grand soin à ce qu'il ne s'établit pas de mineurs au pied de la face du sud, la seule qui fût librement accessible.

Les Anglais firent feu de leur batterie Z à la pointe du jour. Comme ils cherchaient à enfiler la face AD et à culbuter les parapets des deux tours D et A, beaucoup de leurs boulets manquaient le fort et allaient tomber dans la 2e parallèle. Toutes les fois que cela arrivait, les Turcs poussaient de grands cris et nous avons appris ensuite qu'ils avaient été sur le point d'aller détruire cet ouvrage.

La supériorité de notre feu évita ce désagrément à MM. les officiers anglais qui furent forcés d'abandonner leur batterie vers les 10 heures du matin. Quelques obus qui éclatèrent dans son parapet la bouleversèrent entièrement.

L'artillerie de la batterie O avait été placée en O à la droite de la 2e parallèle. Cette batterie et celle placée en N firent un feu continuel, mais sans aucun but déterminé. Elles frappèrent indistinctement les tours A et D, le sommet du rempart et toutes les parties de la face du nord, comme pour la renverser toute entière ; mais elles ne faisaient pas de brèches dangereuses ; seulement elles rendaient impraticables pendant le jour les remparts du fort, dont les parapets de 5 décimètres d'épaisseur étaient criblés de leurs boulets, d'une face à l'autre.

L'ennemi nous jeta des bombes toute la journée. Il en tomba une dans la porte I qui fracassa la cuisse à un homme de garde et renversa une partie de son parapet. Ce poste qui devenait moins important depuis que les Turcs avaient changé leur attaque, fut abandonné et sa garde réunie à celle du poste P. On ne put rien apercevoir des travaux de l'assiégeant dans le vallon Y.

À neuf heures du soir, il essaya de déboucher de ce vallon pour s'approcher du bastion en construction, mais notre infanterie bordant le parapet de la face sud fit suspendre pendant plusieurs heures ce travail qui se faisait à découvert, et que nous éclairions par des tourteaux goudronnés et des roches à feu. Il ne put, dans le courant de la nuit, établir que quelques petits postes dans des trous NN, creusés dans le sable sur le revers des glacis qui étaient commencés de ce côté.

Cette tentative de l'ennemi avait été appuyée par une infanterie nombreuse répandue sur le terrain environnant. La garde du poste P eut la faiblesse de la craindre et elle se retira à l'autre extrémité du fossé. Rien ne put combattre son irrésolution et on fut obligé d'abandonner cette position.

L'ennemi fit un feu continuel de sa batterie de mortiers, mais dans la crainte de jeter des bombes sur ses travailleurs au sud, il diminua la charge et très peu de bombes arrivèrent dans le fort. De notre côté, nous continuâmes le retranchement MM, et les mineurs commencèrent un second puits en dedans du fort, devant la porte du magasin à poudre de la tour A, le premier puits étant terminé.

De part et d'autre le feu commença de très bonne heure. La batterie anglaise ne dirigea ses coups qu'au pied de la tour D. L'artillerie du fort fut servie avec beaucoup d'activité et d'intelligence, et la mousqueterie sur les divers points de notre enceinte fit un feu soutenu qui força l'ennemi de suspendre ses travaux ; toutefois cela n'arrêta pas les porteurs d'eau qui, chargés de leurs outres, allaient tranquillement de poste en poste et sur le revers des tranchées porter à boire aux troupes turques. Plusieurs de ces hommes furent tués pendant le siège.

Pour suppléer au poste P qui avait été abandonné la veille, le commandant projeta d'en établir un dans l'intérieur du bastion. Il ordonna aux mineurs de percer le mur et d'ouvrir une porte pour y communiquer de l'intérieur du fort.

La mitraille commença à manquer ; le commandant d'artillerie fit ramasser les éclats des bombes et les balles ennemies dont la terre était couverte.

Nos éclaireurs, serrés de plus en plus par les postes et les tranchées ennemies, se retirèrent à l'entrée de la nuit et rentrèrent dans le fossé.

L'assiégeant reprit ses travaux à la faveur de l'obscurité du côté du sud ; il lia par une tranchée les postes NN qu'il avait établis la nuit précédente au nord ; il approcha sa tranchée à portée de pistolet du puits M ; à l'est il couronna par des postes nombreux les hauteurs GG et commença au sud-ouest une batterie V sur un plateau de sable qui commandait le fort.

Nous employâmes tous nos moyens pour nous opposer à ces divers établissements ou pour en retarder l'exécution. Notre infanterie foudroyait partout les travailleurs. Une grande quantité d'obus éclata au milieu d'eux et les mit plus d'une fois en fuite ; mais leur nombre et la facilité de leur travail triomphèrent de nos obstacles.

La plupart des bombes lancées pendant cette nuit tombèrent dans le fossé H ou plus avant de nos murs. La communication du bastion avec l'intérieur du fort fut ouverte avant le jour et de suite on s'occupa d'y établir un poste. Les premiers rayons de lumière nous firent distinguer parfaitement les diverses positions de l'ennemi ; elles étaient couvertes de drapeaux ; une superbe tente se fit remarquer sur la hauteur RR.

À 7 heures, les assiégeants sortant de toutes parts de leurs postes et de leurs tranchées se jetèrent sur nos glacis. Partout nous fîmes sur eux et à bout portant un feu terrible d'artillerie et de mousqueterie pour les repousser, et partout ils auraient été battus avec une grande perte, si les postes du puits M et celui nouvellement établi dans le bastion B n'eussent honteusement lâché pied, sans avoir fait la moindre résistance. Le premier se retira sans avoir perdu un seul homme et le second n'eut pas le courage de résister aux pierres que les Turcs lui jetaient du pied du bastion. Il rentra dans le fort et boucha tant bien que mal l'ouverture qui y communiquait.

Cette insigne lâcheté favorisa les assaillants. Un grand nombre se jetèrent dans leurs retranchements autour du puits et purent s'y maintenir sous le feu très meurtrier de la tour A et des parapets voisins. Quelques-uns occupèrent le poste I sur les glacis de l'est ; d'autres s'emparèrent du poste P et s'y mirent à couvert ; le reste rentra dans ses lignes, laissant sur les glacis beaucoup de morts et de blessés.

Nous perdîmes dans cette attaque environ 30 hommes, au nombre desquels on eut à regretter le lieutenant du génie Piquet ; cet officier, occupé à la réparation d'une embrasure sur la tour A, reçut une balle au milieu du front ; il expira peu de minutes après.

Le succès de l'ennemi qui se trouvait alors au pied de nos murailles et la mauvaise contenance d'une partie des soldats jetèrent dans le fort le désordre et la confusion. Des hommes transis de peur criaient que les Turcs allaient faire sauter nos murailles, que les mineurs travaillaient au pied de la tour C et que la garnison allait être perdue si on ne se rendait. Le commandant, pour les rassurer, jugea à propos de faire jeter 8 à 10 obus au pied de cette tour. Il fit même transporter dans la tour A les poudres qui s'y trouvaient renfermées afin d'éclaircir tous les doutes et dissiper toutes les inquiétudes.

Le feu s'étant ralenti, le commandant Gazais sentit la nécessité et en même temps la facilité de chasser les Turcs des retranchements dont ils venaient de s'emparer. Il chargea de cette opération le capitaine des grenadiers à la tête de sa compagnie.

Le capitaine Feray[31] fit à l'instant ses dispositions. Il ouvrit la barrière, commanda, partit et ne fut suivi que par trois de ses grenadiers. Il alla de cette manière jusqu'à l'entrée du retranchement M, essayant d'ébranler sa compagnie ; mais il fut contraint de rentrer ; il réitéra ses ordres et ne put se faire obéir. Le commandant fit lui-même les plus grands efforts pour ramener les grenadiers à leur devoir ; trois fois il leur ordonna

[31] Je publie plus loin un rapport du capitaine Feray.

de le suivre à l'ennemi, et trois fois ils lui répondirent qu'ils ne voulaient plus se battre.

Aussitôt le plus grand tumulte régna parmi les grenadiers au-dehors et parmi les autres compagnies au-dedans. Partout on criait qu'on ne voulait plus se battre, qu'il fallait se rendre, qu'il n'y avait aucun espoir d'être secouru, qu'on voulait les sacrifier, que l'ennemi allait faire sauter le fort, etc., etc. La voix du commandant et celle des officiers ne furent plus écoutées. Les soldats quittèrent leurs postes et s'excitèrent à la révolte.

Cependant l'ennemi continuait son établissement autour du puits au pied du bastion et s'y renforçait sans opposition. En vain le commandant donna partout l'ordre de continuer le feu ; en vain les officiers, ne connaissant plus le péril, donnaient l'exemple du dévouement le plus absolu ; la troupe refusa de se défendre. Plusieurs soldats brisèrent ou jetèrent leurs armes ; les canonniers désertèrent leurs batteries.

Les grenadiers alors mirent le comble à leur infâme conduite ; ils montèrent sur le parapet de la lunette et agitant en l'air la crosse de leurs fusils, indiquèrent aux assiégeants qu'ils voulaient se rendre et les appelèrent à grands cris. À ce signal, quelques Turcs sortirent de leurs tranchées et s'approchèrent du fort ; alors les grenadiers se mirent à crier : *Camarades, ne tirez pas, voilà un parlementaire.*

Dans ce moment vraiment critique, le commandant et les officiers parcouraient les remparts et ne pouvaient se faire obéir. Ne tirez pas ! Ne tirez pas ! était le cri général. Au milieu du désordre, quelques séditieux se jetèrent sur le drapeau national et le firent tomber dans la lunette ; mais il fut rapporté par un grenadier fidèle et replacé sur une des tourelles de la porte. Des scélérats se présentèrent de nouveau pour l'abattre et y substituer un drapeau blanc ; mais le capitaine Guillermain, tombant sur eux, le sabre à la main, les arrêta par sa vigoureuse contenance. Le sergent Codicé menaça de faire feu sur celui qui tenait le drapeau blanc, s'il ne se retirait, et ces deux braves se placèrent à côté du drapeau tricolore, méprisèrent la fureur de ces monstres, dont quelques-uns les couchèrent en joue.

Les Turcs, voyant que le fort ne tirait plus, accoururent en foule et des lignes et du camp ; ils remplirent les fossés, couvrirent les glacis et demandèrent à grands cris qu'on leur ouvrît les portes.

C'est alors que le commandant Gazais, conservant encore un reste d'espoir de ramener la garnison dans le devoir, et cherchant à gagner du temps et à éloigner l'armée turque qui se pressait autour des murs, me donna l'ordre de pénétrer auprès du grand Visir, pour demander une suspension d'armes. Les instants étaient précieux ; on entrouvrit la porte du fort pour me faire sortir et on la referma promptement sur moi. Je montai sur le parapet de la lunette et montrant un papier que j'avais par hasard dans ma poche, je fis signe que j'allais auprès du grand Visir pour parlementer ; mais on ne m'entendit pas ; aucun officier turc ne se présenta pour me protéger sur mon passage.

Enfin, je m'exposai à tout ; du parapet, je mis un pied sur l'épaule d'un Turc et je sautai dans le fossé. À l'instant, je fus saisi par cette soldatesque barbare qui se disputait mes dépouilles. Mon sabre, mes épaulettes et mes boutons me furent arrachés ; mille mains avides de pillages scrutèrent les plis et replis de mon habillement, arrachèrent mes poches et ne me laissèrent que des lambeaux. La foule était si grande qu'on pouvait à peine se remuer. Je fus cependant entraîné vers les palissades par une bande de Turcs qui spéculaient sans doute sur ma tête, et ce ne fut qu'avec beaucoup de peine qu'ils purent me retirer de cette abominable cohue.

J'étais à l'extrémité du fossé, lorsque le hasard me fit trouver devant un pacha qui venait de franchir le cheval de frise ; mes bourreaux, alors, me tenant par les bras, courbèrent ma tête vers la terre et me firent baiser ses pantoufles. C'était Moustapha, pacha de service, connu par sa bravoure et son humanité.

Ce pacha par un sentiment généreux, fit écarter les Turcs qui se pressaient autour de moi, me fit lâcher par ceux qui me tenaient et me livra à quelques autres qui me traitèrent un peu moins mal. Ceux-ci me firent monter par la contrescarpe et me conduisirent au pied de la hauteur X, sur le chemin de la mer. Dans le même temps, Moustapha pacha avait repassé le cheval de frise, était remonté à cheval et se rendait auprès du grand Visir ; il me fit conduire après lui.

Une troupe nombreuse et éparse, attirée par les premiers bruits de la prise du fort, arrivait du camp. J'étais arrêté à chaque instant par des Turcs, qui sans respect pour leur général, me menaçaient de leurs pistolets ou de leurs sabres ; le danger s'accrut pour ma vie au point que Moustapha pacha me fit marcher à côté de son cheval, en tenant un pan de sa robe et fit serrer autour de moi les cavaliers qui l'accompagnaient.

J'arrivai auprès du grand Visir. Son Altesse, reposée sur de riches tapis à l'ombre d'une demi-tente, fit présenter sa pelisse à baiser à Moustapha pacha, et me fit conduire dans sa tente, sans qu'il m'eût été permis de lui parler.

Je fus un moment seul dans la tente du Visir. Les premières personnes qui vinrent près de moi furent deux officiers turcs, dont je ne comprenais pas le langage. Ils me présentèrent une pipe et se retirèrent, lin interprète, accompagné d'un scribe, vint peu après m'interroger de la part du suprême Visir. Je lui observai que je n'étais point un prisonnier, mais un parlementaire, envoyé auprès de Son Altesse par le commandant du fort, mais il ne m'écouta point. Je le priai de me faire parler à un officier anglais.

(à *suivre.)*

G. Wiet.

*

Un homme entièrement vêtu à la turque, mais que je reconnus pour un étranger à son turban, vint me saluer avec beaucoup d'honnêteté. Il parlait français. « Il est bien étonnant, me dit-il, que M. Cazals ait eu la témérité de résister à une armée de 60.000 hommes, commandée par le suprême Visir... Il a perdu par son imprudente obstination les avantages qu'on lui avait offerts. Il aurait pu retourner en France avec sa troupe... Le grand Visir est furieux contre lui ; il sait, depuis quatre jours, que sa garnison a refusé de se battre et qu'il a menacé de faire fusiller ceux des soldats qui refuseraient de suivre ses ordres. » Il me fit enfin l'honneur de me dire qu'il était l'agent de la cour de Russie auprès de l'armée impériale ottomane et qu'il se nommait Frankini[32].

Ce n'était point le lieu de répondre au discours que venait de me tenir M. Frankini, ni de lui demander par quelle voie le Visir avait été instruit de l'insurrection de la garnison. Je m'empressai de lui faire connaître par quelle circonstance je me trouvais au camp ottoman et le suppliai d'en instruire Son

---

[32] Ce Frankini secondait alors le plénipotentiaire Sidney Smith. En septembre 1800, Menou écrivait à son sujet : « Dans le camp ottoman, situé à Jaffa, est un envoyé russe, nommé M. Frankini. Cet homme, ennemi juré des Français, il y a sept ou huit mois, a changé de système et de manières depuis quatre mois. Il nous fait actuellement beaucoup de politesses ; il cherche à nous prouver que sa cour voudrait se rapprocher de la république, se plaint des Anglais, et paraît avoir inspiré de la défiance au grand Visir. » Enfin, le même Menou signalait en janvier 1801 que « M. Frankini, ministre russe, résidant près l'armée ottomane, avait été empoisonné ou assassiné », (Mémoires de Berthier) p. 194, 289 ; Rousseau, p. 360, 394).

Altesse ; mais il me répondit que probablement le fort était en ce moment au pouvoir des Turcs et que ma mission devenait sans objet. Je lui fis alors part de mes craintes sur le sort de la garnison qui pouvait se trouver livrée sans garantie à la discrétion de l'armée turque, mais il me rassura autant que cela fut en son pouvoir en m'annonçant que la veille et le matin même, le grand Visir avait fait publier dans ses camps que les soldats qui apporteraient des têtes de Français seraient punis de mort et qu'une forte récompense serait accordée pour chaque prisonnier qui serait amené vivant. Il ajouta qu'il avait fait lui-même des demandes auprès du pacha pour lui recommander l'exécution de cet ordre, auquel il attribua la conservation de ma vie. Il me fit ensuite beaucoup de questions sur mon emploi militaire, sur l'Égypte, sur l'armée française, et se retira en m'assurant de sa bienveillance.

Ce que M. Frankini m'avait dit de l'insurrection du fort vint bientôt se présenter à mes réflexions ; je ne pouvais comprendre comment cet événement était venu à la connaissance de l'armée turque. Il n'avait été fait aucun prisonnier pendant le siège et on ne s'était aperçu d'aucune désertion et je croyais être le premier homme qui eût mis les pieds dans le camp ennemi[33].

Je pouvais apercevoir le fort par une des fenêtres de la tente et je profitai d'une lunette magnifique qui se trouvait prés de moi, pour observer ce qui s'y passait. Je vis alors avec douleur qu'il était au pouvoir des Turcs. Un millier de drapeaux couronnaient ses remparts et l'armée ottomane se pressait autour de ses murailles. Je ne pus m'empêcher de gémir sur le

---

[33] Après le siège du fort Julien, le 30 germinal an IX (20 avril 1801), je me trouvai à souper dans la tente de Sir Sidney Smith, avec le lieutenant Bromley. Il m'apprit que deux canoniers français avaient déserté el-Arich dans la nuit du 4 au 5 nivôse (26-26 décembre), avaient traversé les lignes ennemies sans être aperçus ou reconnus, s'étaient ensuite dirigés vers le camp du quartier général où, par le plus grand hasard du monde, ils s'étaient adressés à la tente d'un officier anglais. Ces deux hommes, qui sans doute, étaient les principaux auteurs de la sommation du 4 nivôse, avaient pris le parti de se retirer chez l'ennemi, dans la crainte d'être fusillés. C'est par eux que le Grand Visir apprit ce qui s'était passé dans le fort. Il est bien étonnant que la désertion de ces deux hommes, qui certainement n'était pas ignorée des autres canoniers, n'ait pas été connue du commandant d'artillerie. (Note de l'auteur.)

sort de la garnison, que je me figurai dans une position terrible. J'avais encore les yeux fixés sur le fort lorsque tout à coup s'éleva de ses murs un tourbillon épais de fumée, qui fut suivi d'une très forte explosion. Je jugeai bien que le magasin à poudre venait de sauter, mais à qui devais-je attribuer la cause de ce malheureux événement ? J'avais sans cesse devant les yeux le commandant du fort et les officiers luttant avec courage contre des troupes révoltées ; et je pensai qu'ils s'étaient ensevelis sous les ruines du fort plutôt que de se livrer à de féroces ennemis.

Fortement occupé à ce funeste accident, je vis entrer M. Frankini, l'inquiétude peinte sur le visage. Il me demanda s'il y avait des mines dans le fort et si je connaissais ce qui avait pu donner lieu à l'explosion qui venait de se faire entendre. Je lui répondis qu'il n'y avait aucune mine et que cette explosion était celle du magasin à poudre. Il gémit et se retira.

Quelques instants après, on amena près de moi le capitaine des grenadiers et un autre officier de la 13e qui avaient été pris dans la lunette avec la compagnie des grenadiers. Ils ne savaient rien de ce qui s'était passé dans le fort après mon départ. On nous fit ensuite sortir de la tente du Visir et on nous conduisit dans celle d'Adjap pacha, sherasquier de l'armée.

Reprenons actuellement les événements qui se passèrent dans le fort.

Tandis qu'une partie de l'armée ottomane se pressait dans les fossés et autour de la lunette, une foule de Turcs se jeta au pied du bastion en construction et monta sur la muraille à la faveur des matériaux répandus dans le fossé. Des soldats français poussèrent la faiblesse ou la folie jusqu'à leur jeter des cordages pour les aider à monter dans la tour B.

Les prisonniers turcs qui jusque-là avaient été fort tranquilles ne virent pas plutôt quelques-uns des leurs sur les remparts qu'ils renversèrent les pierres qui fermaient la communication du fort au bastion, ouvrirent la poterne et introduisirent tous ceux qui se trouvaient à portée des deux ouvertures. Lorsqu'ils se virent nombreux, ils se jetèrent sur les Français à coups de sabre et de pistolet et commencèrent le carnage. Les Turcs qui se trouvaient sur les remparts, aussi avides de sang et de pillage, frappèrent à leur côté ceux mêmes qui leur avaient jeté des cordes pour monter. Ce fut alors qu'un caporal d'artillerie reconnaissant, mais trop tard, la faute qu'il avait commise, se défendit corps à corps avec les assassins et en tua sept avant de succomber sous leurs coups. Le désordre en était à ce point, lorsque le commandant et les officiers accompagnés d'un petit nombre de soldats fidèles, se retirèrent sous la voûte de la porte et s'y barricadèrent, bien disposés à vendre chèrement leur vie.

Le colonel anglais Douglas, à l'aide d'une corde qui lui avait été jetée par des soldats, était monté sur les remparts. Au milieu de cette scène d'horreur, il parvint au commandant Cazals et le pria avec instance d'ouvrir la porte du fort, mais le commandant lui protesta qu'il n'ouvrirait point sans obtenir une capitulation.

Dans le même temps, Rajeb pacha et l'Agha des janissaires après avoir fait briser les palissades et les barrières se trouvaient en dehors de la porte et menaçaient de la faire enfoncer. Le colonel Douglas se faisant connaître à eux par une fente de la porte, leur dit que le commandant ferait ouvrir si on lui accordait une capitulation. Les deux généraux turcs y consentirent. La capitulation fut aussitôt écrite dans les termes suivants :

Capitulation accoudée à la garnison d'el-Arich par le commandant de l'armée turque

ART. 1er. — La garnison française sortira du fort avec les honneurs de la guerre et emportera ses bagages. Les officiers conserveront leurs armes et leurs effets.

ART. 2. — Les malades et les blessés sont recommandés à la générosité de l'armée ottomane.

Fait au fort d'el-Arich le 8 nivôse an VIII (29 décembre 1799).

Le colonel Douglas signa cette pièce et après en avoir expliqué le contenu aux pachas impatients, la leur passa par la fente de la porte. Ceux-ci y apposèrent leur sceau et la repassèrent au commandant Cazals qui la signa et la garda.

L'ordre fut aussitôt donné de retirer les obstacles qui avaient été entassés derrière la porte et la porte fut ouverte.

Semblables à un torrent furieux qui a rompu ses digues et détruit tout sur son passage, les Turcs se précipitèrent dans la forteresse et portèrent partout le ravage et la mort. Les uns, s'introduisant dans l'hôpital, égorgèrent dans leurs lits les malades et les blessés ; les autres, établissant dans les forges un atelier d'assassinat, décapitèrent sur l'enclume leurs malheureuses victimes. D'autres entraînant les Français dans les batteries, leur coupaient la tête à coups de pelle et de pioche sur la culasse des canons. Ici on les jetait pardessus le rempart après les avoir dépouillés ; là on les descendait avec des cordages à des affidés qui les conduisaient à quelque distance pour les égorger.

L'Agha des janissaires et Rajeb pacha ne pouvant apaiser le carnage, cherchèrent à réunir autour d'eux les officiers et les soldats français ; mais toute leur puissance n'en imposa pas à leurs féroces soldats[34]. Ceux-ci arrachaient les Français jusque sous leurs yeux, et le commandant Cazals déjà saisi par eux, allait devenir leur victime, s'il ne se fût accroché fortement à la robe de l'Agha. Il abandonna sa redingote à ses bourreaux.

Pour séparer les Français de la foule, l'Agha des janissaires se retira avec eux sur le rempart, dont la disposition étroite et escarpée pouvait rendre la protection plus efficace ; mais l'affluence toujours croissante des assassins rendit cette mesure infructueuse. Il prit enfin le parti de les faire sortir du fort et de les emmener au camp. Ce fut avec une peine extrême qu'il parvint hors de la porte. Pour échapper au torrent qui inondait le fossé, il sauta par dessus la lunette et fut suivi des Français trop intéressés à ne pas s'écarter de sa personne. Les assassins profitèrent de ce dernier moment. Le commandant du fort, à l'instant où il se jetait au pied des murailles, fut retenu par les bras et ensuite arraché par les pieds par d'autres Turcs, qui allaient lui faire un mauvais parti sans la rencontre prospère d'un officier anglais dont il réclama la protection. Mais plusieurs officiers et soldats, moins heureux, ne purent se

[34] Les soldats turcs pillèrent dans le fort un de leurs pachas. (Note de l'auteur.)

soustraire aux efforts de leurs bourreaux. Le capitaine d'artillerie Nicolas et plusieurs officiers de la 13e périrent dans cette circonstance. Une fois sortis du fort, les Français furent moins exposés ; cependant une foule de soldats turcs les suivaient encore pour leur arracher quelques dépouilles. Ils étaient à peine à moitié du chemin, lorsque le magasin à poudre sauta. Les Turcs les regardant aussitôt comme la cause d'un événement dont ils pressentaient les funestes conséquences se jetèrent avec fureur sur ceux qui se trouvaient un peu en arrière, les ramenèrent sur les glacis et les massacrèrent sans pitié, sur les cadavres dont la terre était couverte. Le chef de bataillon Grand Vaire, de la 13e demi-brigade, périt alors de la manière la plus cruelle. Il eut la tête sciée avec un turban[35].

Après tous ces malheurs, j'eus enfin la satisfaction de voir arriver le commandant Cazals, dix officiers et à peu près 160 hommes de la garnison[36]. La plupart étaient sans chapeaux et dépouillés d'une partie de leurs vêtements. Aucun officier n'avait pu conserver la moindre ressource. Les sous-officiers et les soldats furent séparés de nous et on ne nous permit avec eux aucune espèce de communication. Quelques instants après notre réunion, nous eûmes la visite de M. Frankini. Il chercha à nous consoler et nous engagea à nous tranquilliser.

---

[35] Il serait difficile d'assigner la cause de l'explosion du magasin à poudre, cependant plusieurs circonstances concourent à l'attribuer aux mineurs français. Ces hommes, d'une intrépidité rare, avaient travaillé au puits de contremines, devant la porte du magasin à poudre, jusqu'au moment où les Turcs avaient été introduits dans le fort ; ils n'avaient été aperçus par aucun des Français, et il est à présumer qu'ils s'étaient retirés dans ce magasin pour s'y défendre jusqu'à la dernière extrémité. Quoiqu'il en soit, la perte de l'armée ottomane dut être très considérable, si on considère que la tour qui sauta était celle où l'on avait réuni la musique de l'armée pour célébrer la victoire et que les fossés qui l'environnaient étaient remplis d'une foule comprimée de soldats. On verra plus loin l'évaluation des hommes que cet événement et ceux du siège coûtèrent à celte armée. (Note de l'auteur.)

[36] Jusqu'au moment où les Turcs furent introduits dans le fort, il y avait 5 hommes tués et 35 blessés. La garnison était de 450 hommes, il résulta que, outre les 35 blessés qui ont été égorgés dans l'hôpital, 235 Français périrent sous le fer assassin des barbares et féroces Osmanlis. De ce nombre furent le chef de bataillon Grand Vaire, quatre capitaines et deux lieutenants, officiers pleins d'honneur et de bravoure. (Note de l'auteur.)

Plusieurs esclaves vinrent ensuite nous faire serrer dans un coin de la tente et furent suivis de Rajeb pacha général en chef de l'armée. Ce personnage orgueilleux nous fixa les uns après les autres, avec des yeux farouches ; il se fit servir un café, fuma une pipe et disparut. Nous eûmes bientôt la douleur de voir passer devant notre tente les têtes de nos camarades infortunés, que des soldats français portaient dans des sacs ensanglantés. Elles furent transportées à bord d'un bâtiment qui partit pour Constantinople[37].

M. Frankini ne tarda pas à nous faire une seconde visite. À notre silence, à notre air abattu, on avait dû remarquer que nous avions des inquiétudes et c'était le sujet qui l'amenait auprès de nous. « On a rapporté au suprême Visir, nous dit-il, que vous conceviez des craintes pour vos jours ; aussitôt il m'a fait appeler et me témoignant combien il s'était affecté de ce qui s'était passé, m'a chargé de venir vous assurer de la sécurité la plus parfaite. » M. Cazals, en le remerciant de ce soin obligeant, lui répondit que l'état de tristesse qui se faisait remarquer parmi nous n'était point occasionné par des craintes personnelles, mais que nous avions à gémir sur la conduite monstrueuse d'une lâche garnison[38] et sur le sort des braves Français qui en

---

[37] Il paraît que le grand Visir a fait payer les têtes des Français tués à el-Arich. Lorsque le commandant Cazals, à son arrivée au camp, fut conduit devant Son Altesse, il vit sur les coins de son tapis des monceaux de têtes, que son Tefterdar soldait aux Turcs qui les lui avaient apportées. (Note de l'auteur.)

[38] Il peut paraître étonnant que les soldats français de l'armée d'orient aient poussé si loin l'oubli des principes du devoir et de l'honneur, aient abandonné leurs propres officiers et se soient livrés sans défense à des troupes barbares, à des assassins féroces. On désirera sans doute connaître les causes qui avaient pu affranchir à ce point leur caractère et les entraîner à leur perte. Je vais essayer de les indiquer.

L'arriéré de la solde, depuis un an, et le désir de repasser en France avaient ébranlé la discipline de quelques corps de l'armée. Deux insurrections venaient d'éclater dans la garnison d'Alexandrie et de Damiette ; la 2e demi-brigade d'infanterie légère, qui, de cette dernière ville avait été envoyée à Katieh, s'y était rencontrée avec la 19e qu'elle avait provoquée à la révolte. Licenciée peu de temps après, une partie de ses carabiniers furent incorporés dans la compagnie de grenadiers de la 13e et furent envoyés à el-Arich, où ils furent le germe de tous les mouvements séditieux. Le fort d'el-Arich était regardé comme le plus mauvais poste de l'armée ; les troupes qu'on y envoyait en garnison pour un mois seulement s'y croyaient en exil ; la

avaient été victimes. M. Frankini nous invita de nouveau à repousser toute espèce d'inquiétude et nous promit de nous servir de tout son pouvoir.

Vers les 4 heures, nous fîmes dire à M. Frankini que nous avions besoin de prendre quelque nourriture. Il eut l'attention de nous faire préparer du riz à la turque et de la viande de mouton et vint nous témoigner son étonnement de ce qu'il n'avait été pris aucune mesure pour notre subsistance. Il nous promit de s'occuper de cet objet. Les sous-officiers et les soldats ne mangèrent rien de la journée.

Un peu avant la nuit, le médecin du Visir vint nous voir ; c'était un Italien. « Mes amis, nous dit-il avec un air de franchise, vous êtes Français, je serai votre père ; c'est moi qui vous procurerai ce dont vous aurez besoin. Son Altesse le suprême Visir vient de me charger de ce soin et j'aurai le plus grand plaisir à vous être utile. Vous aurez le cuisinier du grand

---

difficulté des communications l'isolait du reste de l'Egypte et le faisait envisager comme un séjour de tristesse et de privations.

Malheureusement la nouvelle de l'évacuation de Katieh répandue par le détachement des dromadaires, le 30 frimaire (21 décembre) donna lieu à penser que ce fort était abandonné à ses propres forces, et dès lors les soldats peu habitués à la réflexion se considérèrent comme sacrifiés, séparés de l'armée française par un désert de 16 myriamètres. Ils perdirent l'espoir d'être secourus ; une armée de 60.000 Turcs se présenta devant eux pour les combattre et ils pensèrent ou que leur défense était vaine ou qu'ils seraient victimes de leur résistance. Les deux détachements faits prisonniers avant le siège avaient montré beaucoup de faiblesse, l'ennemi n'avait mis à mort que les soldats qui avaient eu le courage de se défendre, et ces circonstances fortifiaient singulièrement l'opinion de la garnison. Il faut ajouter à cela la funeste impression qu'avaient faite sur l'esprit des soldats les machinations de l'ennemi. On a vu par quels moyens odieux les insinuations perfides des Anglais et des Turcs avaient pénétré parmi eux ; les promesses et les menaces du Visir occupaient toutes leurs pensées, étaient le sujet de toutes leurs conversations. L'alternative d'une perte certaine ou d'un retour en France proclamée par le général ottoman avait puissamment contribué à éteindre leur courage. Mais au milieu de soldats qui avaient ainsi rompu tous les liens de la discipline, les officiers ne cessèrent point de se montrer avec les sentiments les plus énergiques. Si, en joignant leurs efforts à ceux du commandant, ils ne purent apaiser cette sédition, ils n'auront du moins jamais à se reprocher de ne pas avoir fait tout ce qu'il était possible de faire. Leur ferme contenance et leur dévouement généreux dans cette position critique serviront peut-être d'exemple et apprendront aux soldats qu'ils ne doivent jamais espérer de faire partager à leurs officiers la honte et le déshonneur de leurs coupables complots. (Note de l'auteur.)

Visir, vous mangerez comme lui ; dites-moi à quelle heure vous voulez souper ce soir. » Le commandant Cazals, en le remerciant de l'intérêt qu'il voulait bien prendre à notre situation, lui dit que M. Frankini avait eu la complaisance de nous envoyer à dîner vers les 5 heures et que nous ne souperions pas. « Alors, mes amis, dit-il, ce sera pour demain ; rien ne vous manquera, et lorsque vous aurez besoin de quelque chose, adressez-vous à moi ; je suis le médecin du suprême Visir et vous sentez combien il m'est facile de vous procurer ce qui vous sera nécessaire. » El il se retira.

Nous nous félicitions d'être remis aux soins de ce docteur italien ; nous attribuions son bavardage à une effusion de cœur, à un sentiment de sensibilité, nous le croyions sincère et surtout honnête homme et réellement nous le regardions comme notre père. La nuit arriva ; on vint chercher le commandant Cazals de la part du Visir et on nous fit quitter la tente de Rajeb pacha pour nous conduire dans une autre, où se trouvaient plusieurs officiers turcs de la garde. Ceux-ci nous traitèrent avec beaucoup d'égards, nous firent placer à côté d'eux, nous couvrirent de leurs pelisses et partagèrent avec nous ce qu'ils avaient à manger. Bientôt la fatigue et le sommeil nous forcèrent au repos et nous nous endormîmes tranquillement, enveloppés dans les fourrures de ces officiers osmanlis.

Vers les 10 heures, le docteur italien vint nous réveiller et nous faire lever. « Mes amis, mes enfants, nous dit-il, je veille lorsque vous dormez, je pense à vous ; vous êtes mal ici, je vais vous faire conduire dans un endroit où vous serez mieux que vous ne seriez en France ; vous serez bien gardés et vous pourrez passer une nuit tranquille ; vous en aurez grand besoin, mes enfants. Allons, suivez-moi. »

Malgré le bien-être qu'on nous promettait ailleurs, nous fussions restés là avec plaisir. Nous suivîmes notre protecteur, nous descendîmes la montagne et arrivâmes sur le bord de la mer auprès d'un détachement de cavalerie turque qui faisait grand'garde. C'est là que le docteur nous laissa, nous recommandant toutefois au commandant du détachement et nous promettant de la bonne chère pour le lendemain.

L'air était froid et humide. Nous passâmes la nuit sans couvertures et pour ainsi dire sans vêtements, couchés sur le sable, autour de quelques tisons de palmiers, dont la fumée nous étouffait. Nos gardes ne nous permirent pas de nous promener un instant, et le jour arriva bien tard pour terminer une nuit aussi douloureuse.

Le commandant Cazals, séparé de nous dès la veille, fut conduit devant le grand Visir. Son Altesse, lui adressant la parole : « Pourquoi, lui dit-elle, avez-vous osé vous défendre contre moi ? » M. Cazals lui répondit que les lois de l'honneur et du devoir lui en imposaient l'obligation. À ce mot d'honneur, l'interprète remuant la tête lui fit entendre que les Turcs ne connaissaient pas ce langage et probablement ne rendit pas cette expression à son maître. Le Visir lui fit encore une fois la même question et reçut encore la même réponse. Alors il fit un mouvement particulier de la tête, et M. Cazals fut à l'instant saisi aux bras par deux Turcs armés qui l'emmenèrent du côté de la mer. Il ne savait trop ce qui devait lui arriver et il était peu rassuré sur la mine de ces deux satellites ; ceux-ci cependant lui firent faire plusieurs tours sur le rivage, le promenèrent ensuite dans une partie du camp, sans le molester, et le ramenèrent dans une tente où se trouvaient plusieurs officiers généraux de l'armée ottomane et où il passa la nuit.

Le lendemain, M. Cazals, ennuyé de ne savoir à qui parler, obtint de venir nous joindre.

Les bâtiments turcs avaient débarqué sur le sable une quantité énorme d'orge pour les besoins de l'armée ; le vent du nord-ouest qui avait été très fort pendant toute la nuit, avait soulevé les eaux de la mer et les vagues venaient se briser contre les monceaux d'orge qu'elles entraînaient avec elles. Dès la pointe du jour, les sous-officiers et soldats prisonniers furent occupés à éloigner cette orge du rivage. Les Syriens qui les conduisaient les traitèrent à la turque, à grands coups de bâton. C'était là le commencement de leurs peines et le premier jour de leur châtiment. À 9 heures du matin, le médecin du Visir arriva près de nous. D'après les plaintes que nous lui fîmes, il voulut bien nous emmener dans le bois de palmiers et nous plaça à côté du camp d'un corps de cavalerie turque. Il nous quitta en nous faisant les plus belles promesses. À midi on vint nous chercher pour nous conduire auprès du Visir. Son Altesse, entourée d'une grande magnificence, nous fit ranger devant elle et porta la parole au commandant : « Pourquoi, lui dit-il, avec orgueil, avez-vous osé résister à mes armes ? Ignorez-vous que j'arrivais avec une armée de dix journées de longueur, aussi nombreuse que les sables du désert ?... Ma réputation devançait ma puissance. Vous n'avez écouté qu'une folle ambition. Je vous avais promis de vous faire porter en France, vous et vos soldats, si vous mettiez bas les armes ; perdez cet espoir, votre résistance est indigne de pardon... Elle a coûté la vie à 6000 de mes soldats et à Mustapha pacha qui laisse les plus grands regrets... Qu'espériez-vous ? Bonaparte, après vous avoir jeté sur cette terre, vous a abandonnés à votre malheureuse destinée. »

Le Visir demanda ensuite à voir les officiers du génie, et M. Cazals me présenta à lui. « Pourquoi, reprit-il, tant de travaux commencés à El-Arich ? Pensiez-vous avoir le temps de les terminer et d'assurer votre conquête ?... Les débris de votre armée se dissiperont à mon approche, comme les sables que le vent chasse devant lui, et le peuple de l'Égypte sera délivré. » Après ces paroles, il nous congédia.

Nous attendîmes en vain toute la journée notre docteur italien et la bonne chère qu'il nous avait promise.

À la nuit, le commandant Cazals fut mandé par le Visir qui lui fit beaucoup de questions sur les généraux français et sur l'armée. Après cet entretien, il fut retenu par un effendi qui l'invita à manger avec lui, mais il s'en excusa sur ce qu'il devait parler au médecin du Visir pour procurer des subsistances à ses camarades, qui n'avaient rien mangé de la journée. Cet effendi, fort étonné de l'abandon dans lequel on nous laissait, nous fit apporter à manger et retint près de lui notre commandant. Il lui fit cadeau d'un petit panier d'oranges et nous envoya des boîtes remplies d'un mélange de figues, de raisins, de pistaches et d'amandes, disposés en pain d'un goût délicieux.

Il arriva dans la journée, en parlementaire, un officier français qui apportait au grand Visir l'armistice conclu entre le général Desaix et Poussielgue, d'une part, et Sir Sidney Smith de l'autre, dans la rade de Damiette. Cet officier et les dromadaires qui l'accompagnaient furent à peine aperçus dans le désert, que les Mameloucks courant sur eux, les désarmèrent et les emmenèrent au camp comme prisonniers.

Le Visir ne fut pas plus tôt instruit du message du parlementaire qu'il lui fit rendre ses armes et le reçut avec beaucoup d'égards et lui fit présent d'une pelisse, en signe d'amitié. Pendant les deux jours qu'il resta dans l'armée ottomane, on eut grand soin de lui interdire, ainsi qu'à son escorte toute espèce de communication avec les prisonniers français. Pour lui donner une haute idée de la force de l'armée, on le fit promener dans les camps, et on lui fit voir le fort, mais on se garda bien de lui dire de quelle manière il avait été pris. Il paraît même que les Turcs cherchaient à cacher les circonstances de ce siège à l'armée française, car on remit aux parlementaires deux Français de la garnison qui débitèrent en Égypte les choses les plus absurdes sur cet événement. Il est plus que probable que ces deux hommes étaient les deux canonniers qui partirent du fort dans la nuit du 4 au 5 nivôse.

Le 10 (31 décembre), au matin, le docteur nous fit don d'une tente. Il nous fit ses excuses sur l'oubli de la veille, en se rejetant sur ses nombreuses affaires. Il nous dit qu'il avait été chargé d'examiner tous les papiers qui avaient été recueillis dans le fort et nous fit observer que c'était une besogne considérable et pénible. Il nous montra quelques lettres qu'il croyait être de la plus grande importance, et nous mit en état de juger qu'il savait très peu lire le français. Le choix d'un tel homme pour une affaire de cette espèce nous fit pressentir le peu d'influence que les officiers anglais exerçaient au quartier général.

Nous vîmes dans la matinée pour la première fois trois officiers anglais, le colonel Douglas, le lieutenant-colonel Bromley[39] et un officier d'artillerie. M. Frankini arriva peu de temps après. Au peu d'accueil qu'il fit à ces messieurs, nous jugeâmes qu'ils n'étaient pas en grande liaison. Nous en fûmes convaincus lorsque la conversation s'étant tournée sur l'attaque

---

[39] Le lieutenant-colonel Bromley n'est pas Anglais. C'est un émigré français de la ci-devant Normandie. Son nom est Tromelin. Actuellement lieutenant-général (Note de l'auteur.) Je reviendrai plus loin sur ce personnage.

du fort, les officiers anglais furent réduits à demander notre avis sur quelques travaux qu'ils avaient exécutés et dont les avantages étaient fortement constatés par M. Frankini, appuyé des ingénieurs turcs. Il fut surtout beaucoup question de la batterie anglaise dont les boulets labouraient les lignes de l'assiégeant ; mais MM. les Anglais appuyèrent sur l'insuffisance des moyens qu'on leur avait fournis et citèrent particulièrement des sacs énormes de 6 à 7 pieds de hauteur qu'on leur avait envoyés pour sacs à terre.

Nous parlâmes à M. Frankini de la négligence du médecin du Visir et il nous quitta pour nous recommandera ses soins. Les officiers anglais nous donnèrent de ce docteur la plus mauvaise idée et nous dirent quelque chose du trafic honteux qu'il faisait d'une jeune femme piémontaise, qui avait été prise dans le fort. Ils se retirèrent en nous faisant mille ofTres de service. De retour à leur tente, ils envoyèrent au commandant Gazais un flacon d'eau-de-vie qu'ils firent demander à Elfy bey.

À midi on nous conduisit devant le grand Visir. On nous rangea en demi-cercle devant sa tente, et il nous adressa le discours suivant : « Pourquoi les Français sont-ils venus si loin de leur pays apporter la guerre à un peuple tranquille et soumis à la Sublime Porte ? Je me rappelle l'alliance de notre empire avec la France et cette alliance n'aurait jamais dû être troublée pour le bonheur des deux nations. Bonaparte, avant de vous abandonner dans ce pays, avait commencé avec moi des négociations ; Kléber, votre général, les a continuées et j'espère que nous nous entendrons heureusement. En attendant, je vous regarde comme des voyageurs égarés loin de votre patrie, dans les déserts de l'Afrique et je vous donne l'hospitalité... J'ai eu pitié de votre état... J'ai fait publier dans mes camps que ceux des soldats qui auraient des habillements français allassent les porter près de votre tente, où vous pourrez les acheter... Pour vous en donner les moyens, mon Tefterdar va vous distribuer de l'argent. »

Le Tefterdar remit alors 3 o sequins au commandant et 1 o à chacun des officiers ; ces sequins de 200 parats valaient argent de France environ 7 francs.

Le grand Visir s'adressant ensuite au commandant qui avait la tête nue, parce qu'on lui avait volé son chapeau : « Il ne faut pas, lui dit-il, avoir la tête ainsi découverte ; il faut que je fasse de vous un Osmanli. » Il se fit alors apporter un schall de cachemire bleu et une pelisse et en fit vêtir M. Cazals à la turque. Il nous parut fort gai dans cette occasion ; ce travestissement le fit beaucoup rire et ensuite il nous fit reconduire à notre tente[40].

Nous étions à peine à 50 pas de la tente du Visir lorsque le docteur italien accourut après nous et demandant au commandant, de la part du grand Visir, la capitulation qui avait été faite et signée à la porte du fort : « Comme le Visir ne l'a point signée, dit-il, il désire qu'elle soit revêtue des formes les plus authentiques, ou plutôt il veut en faire une autre qui vous sera plus avantageuse. Il est dans les meilleures dispositions, il la fera de suite et je vous la remettrai au plus tard dans deux heures. »

Le commandant fit bien quelques difficultés à se dessaisir de cette pièce importante, mais le Visir lui avait paru si bien disposé à notre égard qu'il n'osa pas faire paraître des doutes sur la franchise de cette démarche. Il remit la capitulation.

À 2 heures nous eûmes enfin à manger par les soins du docteur. Notre repas consista en un riz copieux et en pièces de mouton grillées ; c'était la première fois que, suivant les expressions de notre protecteur, nous goûtions la cuisine du Visir.

Pendant que nous dînions, il se formait parmi nous un marché de chapeaux et de vêtements français. Les assassins, tout dégouttants de sang, nous apportaient les effets de nos camarades qu'ils avaient égorgés, en échange de l'or que nous

---

[40] Yousouf pacha, grand Visir, est géorgien de naissance. Il fut vendu par les Tartares au pacha d'Erzéroum, qui le fit son Tutungy Bachy (porte-pipe). Après la mort de son maître, il fut nommé musselin (mutésellim) d'Erzéroum. C'est pendant qu'il occupait cette place qu'il perdit l'œil droit, en s'exerçant au Djerrid avec un de ses ofliciers. Il a à peu près 60 ans. Lorsque la Porte ottomane, pressée par l'Angleterre et la Russie, déclara la guerre à la France après la conquête de l'Égypte, il fut nommé Visir en remplacement de Mehemed Ised pacha, qui fut déposé. (Note de l'auteur.)

avait fait distribuer le grand Visir. Malgré l'horreur que nous inspiraient ces hommes féroces, il fallut bien leur acheter quelque chose pour se couvrir ; c'était la loi impérieuse de la nécessité.

Parmi les Turcs que la cupidité avait attirés autour de nous, s'en trouvait un qui avait volé une montre à un officier dans la matinée du 8. Soupçonnant alors que l'officier avait seul le secret de la faire aller, il vint le reconnaître et lui dit : « Voilà ta montre. Depuis que je te l'ai prise, elle ne va pas ; il faut que tu la fasses marcher ou je vais te donner des coups de bâton. » L'officier, fort étonné d'un semblable discours, s'éloigna du fripon et se retira prudemment dans la tente.

À 4 heures, on demanda le capitaine d'artillerie Duval, de la part du Visir, pour donner des renseignements sur les magasins à poudre et sur les munitions de guerre qui existaient au fort. Cet officier ayant été conduit sur les lieux, fit voir que toutes les poudres étaient réunies dans la tour A au moment de son explosion ; mais les Turcs s'obstinèrent à dire qu'il y avait des poudres cachées. De retour auprès du Visir, il fut menacé de perdre la tête s'il n'indiquait le dépôt de ces poudres. On feignit même de le conduire près de la mer, pour le décapiter, afin de lui acheter, afin de lui arracher une déclaration conforme à leurs vues, mais il en fut quitte pour la peur et on le renvoya auprès de nous.

Notre docteur, devenu plus attentif, nous envoya des vivres à la fin du jour et vint nous voir. On lui demanda la capitulation, mais le Visir n'avait pas encore terminé cette affaire et il devait la remettre le lendemain matin.

Nous eûmes dans la matinée la visite de M. Frankini et de MM. les officiers anglais. Ils furent très fâchés de ce que la capitulation avait été remise au médecin et soupçonnèrent qu'elle ne serait point rendue. C'est effectivement ce qui arriva.

À 2 heures après midi, le docteur en nous faisant apporter à manger, nous annonça que nous partirions pour Ghazah à l'entrée de la nuit. Il nous assura en même temps qu'il remettrait la capitulation avant notre départ. Pour chercher à nous le rendre plus favorable, nous lui offrîmes en commun un trousseau d'instruments de chirurgie que nous rachetâmes d'un officier de santé qui partageait notre infortune.

À peine venait-il de nous quitter qu'on amena devant notre tente 14 chevaux qui nous étaient destinés. Ces chevaux qui avaient des bâts au lieu de selles, avaient apporté des provisions pour l'armée et retournaient à Ghazah. Les Syriens, chargés de nous escorter, nous donnèrent à peine le temps de manger ; ils nous firent monter à cheval et partir sans avoir parlé à notre perfide protecteur. Nous rejoignîmes, à un kilomètre sur le chemin de Syrie, les autres prisonniers qui attendaient le moment du départ.

Les Syriens, au nombre de 30, étaient bien montés ; ils pressèrent le pas de leurs chevaux et firent passer les prisonniers devant eux. Après quelques heures de marche, les soldats, épuisés de fatigue, demandèrent à se reposer un peu, mais ils ne purent l'obtenir. Ils étaient chassés comme un troupeau de moutons et les traîneurs étaient ralliés à coups de bâton. Pénétrés de compassion pour ces malheureux, nous fîmes tout ce qui dépendait de nous pour engager notre escorte à s'arrêter quelques instants, mais nos prières furent inutiles. Le mauvais temps qui s'avançait était le motif de leur refus... La nuit arriva ; une pluie affreuse nous surprit et nous accompagna jusqu'au village de Khan Younès, où nous arrivâmes à 3 heures du matin sans avoir pris le moindre repos. À la faveur de la nuit et du mauvais temps, plusieurs prisonniers purent se soustraire à la surveillance des Syriens et restèrent en arrière ; ils furent réunis le lendemain matin. À Khan Younès, la troupe fut logée dans le château et les officiers dans un okel occupé par des Turcs de l'armée. Ceux-ci nous traitèrent bien, nous firent du feu pour sécher nos vêtements et nous offrirent des vivres, du café et du tabac.

On partit pour Ghazah à 9 heures du matin et la route fut moins fatigante. Les Syriens nous laissèrent marcher à notre aise ; ils s'amusèrent à se lancer le djerid tout le long du chemin.

On arriva à Ghazah à 3 heures après-midi. Une partie de notre escorte, qui nous avait devancés, avait annoncé notre arrivée ; aussi toute la ville et une grande partie des troupes du camp accoururent sur notre passage. Les officiers, marchant à côté des Syriens, n'essuyèrent aucun traitement désagréable ; mais les sous-officiers et les soldats furent librement en butte aux outrages de la populace. On leur jetait du sable et des pierres ; on leur crachait au visage et on les frappait à coups de pied et à coups de poing, sans que personne s'y opposât. Les ululatus des femmes et des enfants nous accompagnèrent jusque dans le camp.

Ce camp, placé sur une hauteur au sud de Ghazah, était occupé par une partie de l'armée ottomane. Il pouvait, à en juger par les tentes, contenir 10 à 12.000 hommes. Le Reïs-Elfendi, qui le commandait, nous fit rester quelque temps devant son quartier-général, envoya ensuite les soldats d'un côté et fit conduire les officiers dans les prisons du camp. Ces prisons étaient composées d'un certain nombre de tentes parmi lesquelles il y en avait quelques-unes de fort longues. Deux officiers du Reïs-Effendi qui nous conduisaient nous firent entrer dans une de ces tentes où une centaine d'Arabes étaient attachés deux à deux à une longue pièce de bois, et voulurent nous ordonner de la même manière, à la suite de cette double file ; mais nous nous arrachâmes malgré eux de cette tente empoisonnée et nous leur fîmes apercevoir que nous n'étions pas disposés à y rentrer. Ils instruisirent de notre résistance le Reïs-Effendi qui voulut bien donner l'ordre de ne point nous mettre aux fers et nous fit assigner une tente particulière. Un des officiers français fait prisonnier avant le siège y fut réuni à nous. Il nous donna quelques vivres qu'il avait et nous en profitâmes avec d'autant plus de plaisir que l'article des subsistances avait été absolument oublié pour nous toute la journée.

Le lendemain on nous transféra avec la troupe dans une maison de la ville de Ghazah et on y réunit les prisonniers faits avant le siège. Les sous-officiers et les soldats occupèrent la cour et quelques magasins pratiqués au rez-de-chaussée, et on donna pour tous les officiers une chambre de 35 décimètres carrés, dont une partie fut occupée par l'officier turc qui commandait notre garde. Il nous fut expressément défendu de parler aux soldats.

Nous étions tous horriblement mal dans cette prison. Elle était si petite qu'on était entassé les uns sur les autres. Les magasins obscurs et humides où couchait la troupe étaient d'une infection insupportable. Dans notre petite chambre, nous pouvions à peine allonger les jambes, pendant la nuit, sans nous gêner mutuellement. Nous dormions, accroupis sur le pierre, car on n'avait même pas de nattes. L'officier turc qui, probablement, avait peur de nous, conservait de la lumière pendant la nuit et ne dormait que le jour. Notre nourriture était très modique ; on nous donnait tous les deux jours un peu de riz et de viande, mais notre garde avait soin de prendre sur nos provisions la part qui lui convenait. Nous avions très peu de moyens pour acheter des vivres ; encore fallait-il confier son argent aux soldats turcs qui en volaient la moitié. La cupidité nous en amena un qui parlait un peu français et qui nous avoua avoir resté quelque temps aux galères en France ; nous acceptâmes ses services, mais il nous les fit bien payer.

Le 16 nivôse (6 janvier 1800), Sir Sidney Smith qui se rendait à el-Arich où devait se traiter la convention pour l'évacuation de l'Égypte, obtint de parler au commandant Cazals qui, à cet effet, fut mandé au camp. Il lui promit de s'intéresser auprès du grand Visir pour l'amélioration de l'état des prisonniers, et principalement pour la remise et l'exécution de la capitulation du 8 nivôse (29 décembre)[41].

Le 20 nivôse (10 janvier), Ali pacha qui venait de succéder au Reïs-Effendi dans le commandement du camp de Ghazah, envoya demander le commandant Cazals. Ce pacha, qui avait demeuré longtemps en Italie, connaissait les mœurs européennes. Il reçut M. Cazals de la manière la plus honnête, lui demanda des renseignements sur le traitement des prisonniers français et lui témoigna le désir d'adoucir leur position. Il lui fit part de l'ordre qu'il avait reçu du suprême Visir de nous distribuer de l'argent pour nous faciliter les moyens d'acheter des subsistances, dans le cas où les besoins de l'armée ottomane

[41] Sir Sidney écrivit le même jour les deux pièces qui sont imprimées sous les numéros 30 et 31 dans la deuxième partie des pièces officielles de l'armée d'Egypte, de l'imprimerie de Didot l'Aîné. Elles sont relatives à l'affaire d'el-Arich. (Note de l'auteur.)

ne permettraient pas de la régularité dans nos distributions. En conséquence, il remit au commandant 40 piastres de 80 parats pour lui, 20 piastres pour chaque officier, 5 pour chaque soldat. Cette somme devait durer un mois[42]. Cet argent fut pour nous tous la plus grande consolation dans nos peines ; sans argent, nous serions morts de faim et de misère. Le général Desaix et M. Poussielgue arrivèrent à Ghazah le 21 nivôse (11 janvier). Ils ne virent aucun des prisonniers et partirent le 2 3 (13 janvier) pour el-Arich.

Le 22 (12 janvier), Ali pacha fit demander le commandant Cazals et trois officiers. Il leur remit de la part du suprême Visir une indemnité de 15 piastres pour le commandant, de 5 pour les officiers et de 2 pour les soldats. Il promit en même temps de s'occuper de faire choisir une maison plus vaste et plus commode pour notre logement. Le commandant finissait de distribuer cet argent, lorsqu'on vint nous annoncer que le pacha donnait à dîner à tous les prisonniers. Cette nouvelle parut étonner notre officier turc, qui ne manqua pas de nous faire la cour pour nous disposer à partager avec lui les largesses de son général ; ainsi nous nous aperçûmes de l'accueil qu'on faisait au camp aux envoyés du général Kléber.

À trois heures, nous vîmes arriver plusieurs Turcs portant sur des plateaux de cuivre les mets qui nous étaient destinés, 16 plats copieux de riz, de mouton bouilli, de mouton rôti et de poisson grillé furent placés en ligne droite sur le devant de la chambre. Après avoir fait les honneurs de notre dîner à notre gardien, nous nous assîmes à terre et mangeâmes d'un fort bon appétit. Lorsque nous eûmes fini, on servit aux soldats, au milieu de la cour, des chaudières remplies de riz et de pièces de mouton. Ils associèrent la garde turque à leur festin.

Le soir, le pacha demanda un officier et 2 soldats. Le hasard favorisa le capitaine de grenadiers. Ils reçurent tous trois l'ordre de partir pour el-Arich. Le capitaine vint nous faire ses adieux

[42] Cette amélioration dans l'état des prisonniers pourrait être attribuée aux démarches de Sir Smith auprès du Visir, quoiqu'il ne soit arrivé à el-Arich que le 18 nivôse (8 janvier). Il est plus que probable que la faible indemnité qui nous fut payée deux jours après avait été accordée à sa sollicitation. (Note de l'auteur.)

et nous promit de faire connaître au général en chef et à l'armée française les événements du siège d'el-Arich, si, comme on le présumait, il était envoyé en Égypte.

Le 23 (13 janvier), un officier turc vint de la part du pacha prendre le commandant et deux officiers pour visiter une maison qu'on nous destinait. Elle leur parut plus vaste et plus commode et nous y fûmes transférés le 25 (15 janvier).

Le 27 (17 janvier), le chef de brigade Beaudot, aide de camp du général Kléber, passa à Ghazah se rendant à el-Arich en qualité de parlementaire, il ne put obtenir la permission de nous voir.

C'est à peu près à cette époque que passèrent à Ghazah 2000 ou 3000 hommes de troupe d'Achmet Djezzar, pacha d'Acre, qui se rendaient à l'armée du Visir. Les prisonniers français excitèrent vivement la curiosité des soldats et ils se portèrent en foule à notre prison. Sur le refus qu'on leur fit de les y laisser entrer, ils voulurent forcer les gardes et enfoncer les portes ; mais Ali pacha envoya du camp des forces suffisantes pour empêcher cette canaille de pénétrer jusqu'à nous. Ils devinrent ensuite un peu moins violents. Moyennant quelques parats, on les laissait entrer dans une cour d'où ils pouvaient nous voir lorsque nous paraissions aux fenêtres, et alors ils nous faisaient entendre par des signes non équivoques qu'ils auraient eu bien du plaisir à nous couper la tête. Quelques-uns des officiers obtinrent la permission d'entrer. Ils nous parlèrent avec enthousiasme de la valeur de leur pacha et de la bravoure de leurs soldats. Ils nous dirent qu'ils n'aimaient ni les Turcs de Constantinople ni les Mameloucks, et il fut aisé de voir qu'ils se regardaient comme les meilleures troupes du monde.

Le lieutenant-colonel Bromley nous visita le 8 pluviôse (28 janvier). Il arrivait d'el-Arich et nous donna la nouvelle de la signature de la convention pour l'évacuation de l'Égypte par l'armée française. Il était envoyé en Chypre pour communiquer aux commandants des escadres anglaise et turque l'ordre de se rendre à Alexandrie. Il nous fit espérer que sous peu de jours nous serions remis en liberté et renvoyés en Égypte, en conséquence d'un des articles de la convention.

M. Bromley nous renouvela dans cette occasion ses offres de services, et nous étions assez disposés à les accepter, lorsqu'il nous dit : « Messieurs, je voudrais avoir de l'argent, je n'ai jamais trouvé l'occasion d'en faire un emploi plus agréable à mon cœur, mais écrivez à M. Smith qui se trouvera très heureux de pouvoir vous être utile».

Le 20 pluviôse (9 février), on vint nous avertir de nous tenir prêts à partir. Un détachement de cavalerie arriva peu après pour nous escorter et on nous conduisit à l'embarcadère de Ghazah, où se trouvaient deux djermes disposées pour notre embarquement. Mahamet pacha était venu sur le rivage avec une brillante suite. Il nous fit appeler devant lui, nous fit part des dispositions qu'il avait prises pour notre retour à Damiette et donna ses ordres à un officier turc qu'il chargea de nous accompagner et de nous remettre à l'armée française. Il nous souhaita une heureuse navigation, nous recommandant à Dieu, et retourna à Ghazah, laissant auprès de nous le détachement de cavalerie.

On nous remit 50 outres qu'il fallut remplir d'eau pour notre voyage. Les deux citernes de l'embarcadère fournissaient si peu que nous ne pûmes remplir que 20 outres, avant la nuit. On travailla sans relâche et, au lever du soleil, il y en eut 40 de pleines. L'impatience que nous mettions à partir nous empêchait de réfléchir aux difficultés de la navigation. Nous pensâmes être suffisamment approvisionnés et nous nous embarquâmes. Les reïs, de leur côté, ne demandaient qu'à s'éloigner. C'étaient deux Alexandrins pris par les Anglais, en portant des vivres de Rosette à Aboukir. On les avait conduits à Jafla et on les avait employés au transport des subsistances de l'armée ottomane. Enfin on les renvoyait chez eux en les chargeant de nous remettre à Damiette.

Les officiers se placèrent ensemble sur l'une des djermes avec à peu près la moitié des soldats. Les provisions consistaient pour chacune en quelques sacs de très mauvais biscuit et 20 outres d'eau. Elles devaient suffire pour une traversée qui se fait ordinairement en 48 heures, mais on était loin de prévoir que l'on serait exposé à des souffrances mille fois plus pénibles que celles que nous avions éprouvées jusqu'alors.

Les soldats qui avaient perdu l'habitude d'obéir à leurs officiers usèrent dès le premier jour de l'eau à discrétion et en consommèrent la moitié. Le lendemain, nous voulûmes les rationner, mais ils crièrent, nous insultèrent et s'emparèrent des outres. Enfin, au milieu du troisième jour, il n'y avait plus une seule goutte d'eau. Cependant nous étions loin du port, contrariés par le mauvais temps. Nous avions à peine fait dix myriamètres, nous distinguions les murs d'el-Arich.

Le 23 (12 février) au soir, le vent changea et nous fîmes bonne route toute la nuit. À 4 heures du matin, nous passâmes près d'un aviso anglais qui était mouillé près de la côte entre Damiette et Dibé. Le capitaine anglais nous fit arrêter, parla beaucoup à l'officier turc qui se trouvait à notre bord et nous fit mouiller à ses côtés. Nous attendions avec impatience qu'il nous permît de continuer notre route, lorsqu'il s'éleva un grand vent du N.-O. L'Anglais leva l'ancre et prit le large ; nos reïs en firent autant, mais ne pouvant aller à Damiette, coururent vent arrière ; l'un d'eux eut la prudence de mouiller dans le golfe de Péluse et entra dans le NU.

Le vent changea de nouveau à 7 heures du soir et nous nous remîmes en route. Le 25 (14 février), à 9 heures du matin, nous reconnûmes le minaret de Cheikh Chata. À 10 heures, nous étions sur le point d'entrer dans le fleuve, lorsque le vent cessa de nous être favorable. On courut des bordées pendant 3 à 4 heures, mais toujours sans rien gagner. Alors, notre reïs, perdant l'espoir d'entrer ce jour-là, jeta l'ancre à deux kilomètres du rivage. Ce fut là que deux soldats bons nageurs, souffrant cruellement de la privation d'eau douce, se jetèrent à la mer et parvinrent à terre sans accident. Le vent ne fit que se renforcer pendant la nuit ; à 3 heures du matin, le 26 (15 février), le câble de notre ancre cassa. On eut beaucoup de peine à mettre à la voile au milieu du désordre et de la désolation qui régnaient à bord, et on s'éloigna de terre.

Notre reïs, désolé de la perte de son ancre, ne savait quel parti prendre. Il se dirigea sur les côtes de Syrie et parut désirer retourner à Jaffa ou entrer à St. Jean d'Acre pour y prendre ce qui nous manquait. Mais ce dernier parti était aussi dangereux pour nous que les chances de notre malheureuse navigation.

Nous l'engageâmes à tout tenter plutôt que d'en venir à cette extrêmité.

Nous errâmes toute la nuit et toute la journée du 28 (17 février) sans découvrir la terre. Le soir, cependant, à la faveur d'un vent propice, nous fîmes route et nous nous trouvâmes le 29 (18 février), à la pointe du jour, à la vue de Damiette. Nous serrâmes la côte de très près, bien disposés à nous échouer plutôt que de nous éloigner une quatrième fois.

Un bâtiment parut sur notre droite et nous cherchâmes à l'éviter pour ne point être retardés. Nous n'en fûmes pas plutôt aperçus qu'il nous donna chasse et nous fit arriver à coups de canon. Nous nous désolions de ce contretemps, lorsque nous reconnûmes avec une agréable surprise que ce bâtiment était français. C'était le brick *Lody*[43], venant de France. En paraissant devant Alexandrie, il avait été poursuivi par une frégate anglaise qui l'avait poursuivi pendant 24 heures. Le capitaine fut très étonné de se trouver si près de terre ; il n'avait que quelques brasses d'eau sous sa quille et il mouilla.

(à *suivre.)*

G. Wiet.

---

[43] Le brick le Lodi était un vaisseau de 18 canons avec 94 hommes d'équipage. Il se trouvait à Corfou le 10 janvier 1798, prêt à appareiller pour la France. On le trouve à Toulon le 10 avril, mais envoyé en mission sur les côtes de Barbarie, il manque le départ de l'escadre qui transporte le corps expéditionnaire. Le 12 mai il était bloqué à Carthagène par la flotte anglaise ; il réussissait à s'échapper le 28 et rentrait à Toulon le 1 2 juin. Il en repartait le 19, relâchait à Gênes le 22, puis à La Spezia et à Livourne, soutenait le 4 juillet un combat contre un brick anglais devant Porto-Longo et, après bien d'autres péripéties, arrivait à Alexandrie le 22 août. Il y séjourne quelque temps, puis est envoyé à Derna le 8 février 1799 en mission secrète. Ayant subi d'assez graves avaries, le Lodi fit voile vers Toulon, qu'il atteignit le 25 mars. On voit qu'il était de retour en Egypte le 17 février 1800 ; ultérieurement, jusqu'en août 1801, il accomplit cinq voyages entre Alexandrie et la France (De la Jonquière, I, p. 138-139, 283, 362, 518 ; II, p. 262, 267, 269, 510 ; III, p. 59, 60, 317, 403, 408-409 ; V, p. 12, 143-144 ; THIBAUDEAU, I, p. 294 ; II, p. 66 ; Correspondance, V, p. 136, 192, 194, 236 ; Histoire scientifique, IV, p. 131 ; VII, p. 58, 358, 367 ; FRANÇOIS, p. 423, 445-446, 457, 474 ; LACROIX, p. 495 ; GEOFFROY SAINT-HILAIRE, p. 202).

*

Après une navigation aussi malheureuse et une privation aussi terrible, il est facile d'imaginer la joie commune à la vue du *Lody.* Nos maux cessèrent pour ainsi dire tout à coup. Le capitaine nous envoya promptement quelques barils d'eau et deux de vin, avec d'excellent biscuit, et offrit à déjeuner à son bord au commandant Cazals et à l'officier turc qui nous accompagnait. Incertain s'il pourrait entrer à Alexandrie, il débarqua sur notre djerme le général Galbaud[44], son épouse et ses deux (ils, le fils du général Labarillère et quelques autres individus que le gouvernement envoyait en Égypte. Il remit à l'un de ses aspirants les dépêches dont il était chargé pour le général en chef Kléber et lui donna sa chaloupe. avec ordre de nous débarquer sur la côte, dans le cas où les vents ne nous permettraient pas d'entrer dans le Nil.

Le plaisir de voir des compatriotes qui venaient de quitter la France fit perdre un temps favorable. Au moment où l'on quitta le *Lody* la brise du large commençait à fraîchir. On mit la

---

[44] Le général (Ialbaud n'arriva à Belbeis que le 4 mars et son relard à parvenir au Caire dut être long, puisque Kléber écrivait le 19 au grand Visir ; « Je préviens Votre Altesse que je garderai comme otage, à mon quartier général, Son Excellence Mustapha Pacha, jusqu'à ce que le général Galbaud, retenu à Damiette, soit arrivé à Alexandrie avec sa famille et sa suite, et qu'il ait pu me rendre compte du traitement qu'il a éprouvé des officiers de l'armée ottomane et sur lequel on me fait des rapports très extraordinaires. »
Le général Galbaud devait mourir de la peste au Caire le 21 avril 1801 (Pièces diverses et correspondance, p. 416 ; DOGUEREAU, p. 330 ; ROUSSEAU, p. 251, 399, 402 ; GALLAND, II, p. 85 ; DARREGAIX, Le comte Belliard, p. 173 ; Hist. scientifique, VU, p. 367, 372).

djerme à la remorque de la chaloupe pour serrer le vent, mais malgré les efforts des matelots, on ne put s'élever assez pour entrer. On décida enfin à débarquer sur la côte et ou mouilla à un kilomètre de la terre et deux à peu près de la tour du boghaz sur un mauvais grappin, seule ressource de notre reïs.

Le débarquement fut réglé d'après le rang des troupes et des compagnies qui étaient à bord. La chaloupe, qui ne portait que 10 à 12 hommes avec son équipage, était très longue dans ses voyages, à raison de la difficulté qu'elle éprouvait à revenir à bord, et cette difficulté croissait avec le vent. Au retour du deuxième débarquement, l'aspirant prévit qu'il n'en pourrait faire qu'un troisième ; le général Galbaud et sa famille voulurent alors descendre à terre, mais la troupe s'y opposa ; ce fut en vain que les fils du général supplièrent pour leur mère dont la santé était fort altérée par les fatigues de la traversée.

Dans cette circonstance, le commandant Cazals me chargea d'aller à Damiette pour réclamer les secours les plus prompts pour les tirer d'embarras. Je débarquai et je me rendis à la ville avec une trentaine de français et deux matelots turcs. Je passai devant le fort de Lesbeh dont les portes étaient fermées et je sus des fellahs des environs que depuis huit jours, les Français avaient évacué Damiette et s'étaient rendus au Caire.

Arrivé dans la ville, je me lis conduire chez le commandant turc. C'était un effendi. Il me reçut bien, m'offrit du café el une pipe, et envoya chercher le Père Bazile[45] (religieux grec très connu des Français qui sont restés à Damietle) pour servir d'interprète el savoir ce que je lui demandais. Je lui fis part des accidents et des longueurs imprévues de la navigation, des privations que nous avions essuyées et de la position où j'avais laissé mes camarades. Je le priai de donner des ordres pour qu'il leur fût porté des secours.

Cet effendi parut prendre part à notre infortune. Il fit venir le douanier et lui ordonna de faire passer de suite deux djermes de la douane avec des provisions pour remorquer dans le Nil la djerme où se trouvaient les Français. Les deux matelots turcs

---

[45] Le père Bazile était président de l'Église grecque de Damielte (ROUSSEAU, p. 22).

qui m'avaient accompagné ne manquèrent pas de parler de la rencontre d'un bâtiment français, de l'embarquement sur notre djerme d' un général, de plusieurs autres personnes et de la chaloupe sur laquelle on avait placé beaucoup de malles. Ces considérations donnèrent lieu à un interrogatoire fort long, dans lequel je crus inutile de rien cacher. On questionna sur le même sujet plusieurs des Français qui étaient arrivés avec moi. Lorsque l'effendi se crut suffisamment informé, il nous lit conduire dans une maison où nous passâmes la nuit.

La chaloupe du *Lody,* après le troisième voyage, ne put retourner à bord de la djerme quelque effort que fil l'aspirant qui la commandait. Il se décida à retourner à bord du brick et se dirigea sur le point où il l'avait laissé le matin. Il est à remarquer que cette chaloupe portait toutes les malles du général Galbaud.

À bord de la djerme, tous étaient dans de vives inquiétudes. Lu peu de mauvais temps pouvait les jeter à la côte ou les forcer à reprendre le large. Ils n'avaient pas d'eau ; le *Lody* ne sachant s'il pourrait entrer à Alexandrie n'en avait donné que quelques barils qui avaient à peine étanché la soif du moment. Ils ne savaient ce qu était devenue la chaloupe, et le général Galbaud. qui se trouvait ainsi séparé de tous ses effets, craignait qu'elle ne fût retournée à bord du *Lody.* D'un autre côté, ils ignoraient ce qui se passait à Damiette et ils comptaient sur les secours que j'étais allé solliciter. La privation d'eau douce qui avait fait le tourment de notre traversée, recommençait à se faire sentir d'une manière cruelle, lorsqu'un événement heureux tranquillisa les esprits. Un soldat puisant de l'eau dans un pot, fut fort étonné d'avoir retiré de l'eau douce et avertit aussitôt ses camarades d'une découverte qui ne pouvait arriver plus à propos. Tous avec empressement se levèrent pour puiser et boire ; mais ils eurent plusieurs fois la douleur d'être trompés. Cependant, à force de puiser, ils s'aperçurent que pour prendre de l'eau douce il fallait enfoncer très peu le vase et ne prendre que sur la surface. Cette eau douce était celle du Nil qui, refoulée pendant le jour par la brise du large, s'épanchait librement pendant la nuit et coulait lentement sur les eaux de la mer.

Les djermes de la douane sortirent du Nil à la pointe du jour et prirent à la remorque celle du reïs Achmet. La chaloupe du *Lody* les rejoignit au moment où elles rentraient dans le fleuve. Arrivés à Damiette, le général Galbaud et sa famille, le commandant Cazals et les nouveaux débarqués furent conduits devant l'effendi et scrupuleusement interrogés. M. Cazals fut ensuite réuni aux autres officiers ; mais le général et les personnes débarquées du *Lody* furent envoyés à Belbeys, où le grand visir avait alors son quartier général.

Nous restâmes 6 jours à Damiette ; celte ville était pour nous la terre promise. Nous y fûmes logés dans l'okel qui avait servi d'hôpital aux Français et on nous donna pour garde les prisonniers turcs qui avaient été occupés par nous aux travaux de fortification de Lesbeh. Ces hommes se conduisirent fort bien à notre égard et se rappelèrent sans doute de quelle manière nous les avions traités. Nous observâmes pendant notre séjour à Damiette que les Turcs inspiraient beaucoup de crainte aux Égyptiens. Lorsque nous passions dans les rues accompagnés de quelques-uns d'entre eux, on se rangeait au loin avec précaution, et si l'on y manquait, les coups de bâton étaient distribués sans pitié et sans ménagement.

Le 7 ventôse (26 fé\rier), on nous lit embarquer pour le Caire. On ne nous donna pas de vivres, mais on chargea un soldai turc sur chacun des djermes de pourvoir à nos subsistances sur la route. Nous avions avec nous les Turcs précédemment prisonniers à Lesbeh. qui étaient envoyés à l'armée pour y prendre des armes.

Nous arrivâmes à Semenoud le 9 (38 février). Je dois un témoignage de reconnaissance aux cheikhs de cette ville pour l'intérêt qu'ils ne craignirent pas de nous montrer. Ils vinrent nous recevoir sur la rive, nous conduisirent dans un okel où ils nous offrirent du café, des fruits et nous donnèrent à souper. Ils auraient voulu retarder notre départ pour avoir le plaisir de nous garder plus longtemps parmi eux.

Dans la matinée du 10 (1er mars), nous faillîmes être assassinés dans un village sur la rive droite du Nil, à 12 kilomètres au-dessous de Semenoud. Les soldats turcs prenaient par force dans les villages des fellahs pour hâter notre djerme et les maltraitaient cruellement. Un fellah, ayant fait quelque résistance, fut saisi par plusieurs soldats et l'un d'eux lui tira un coup de pistolet. Les autres fellahs effrayés prirent aussitôt la fuite et répandirent l'alarme dans le village et dans un instant, les hommes, les femmes armés de lances et d'autres instruments accoururent sur le rivage pour se venger. Les soldats turcs n'eurent que le temps de sauter à bord et parvinrent à mettre la djerme an large, malgré les fellahs qui se jetèrent à l'eau pour la retenir. Ils firent alors pleuvoir sur nous une grêle de briques qui ne nous firent aucun mal. Cette populace nous suivit sur la rive en poussant des cris affreux, dans l'intention d'insurger contre nous les villages voisins, mais un Turc du Caire, qui se trouvait avec nous, parvint à la faire rentrer en la menaçant de la vengeance du suprême Visir. Nous passâmes à Mit-Kamar le 10 (1er mars). La tour était évacuée et les habitants du village avaient déjà enlevé une partie des palissades.

Le 11 (2 mars) au soir, nous arrivâmes à Boulaq. Nous y débarquâmes dans l'Ile de la quarantaine, où nous restâmes 5 jours en observation.

Dès le jour même, le commandant Cazals envoya au général Kléber son rapport sur le siège d'el-Arich. Il devenait d'autant plus pressant de lui faire connaître les détails de cette affaire qu'il s'était répandu dans l'armée les bruits les plus calomnieux sur le compte du commandant et des officiers. M. Cazals, dans une lettre qui accompagnait son rapport, demanda au général en chef la formation d'un conseil de guerre pour rendre compte de sa conduite. Cette mesure lui paraissait la plus propre à sa justification aux yeux de l'armée.

Nous sortîmes du lazarette le 16 ventôse (7 mars). Nous nous rendîmes de suite, M. Cazals et moi, chez le commandant du génie, M. le général Sanson, qui nous présenta le même jour au général en chef. « J'ai lu, dit le général Kléber, à Cazals, le mémoire que vous m'avez envoyé et je ne doute pas que vous m'ayez dit la vérité. Je n'ai point ajouté de confiance aux bruits répandus sur votre compte, et je me plais à croire que vous n'avez été que malheureux ; mais vous devez à l'année française un compte sévère de votre conduite. Conformément à vos intentions, je donnerai des ordres pour la formation d'un conseil de guerre et jusqu'à votre justification vous serez consigné à la citadelle».

Le lendemain 17 (8 mars), M. Gazais se rendit à la citadelle. Il choisit pour défenseur officieux M. Hugues, capitaine de grenadiers de la 25e demi-brigade.

Le conseil de guerre fut formé et le rapporteur de la division Reynier eut ordre d'informer. Il assigna et entendit tous les officiers de la garnison del-Arich et une grande partie des soldats.

Les informations prises, le conseil de guerre s assembla le 28 ventôse (19 mars) pour entendre son rapporteur et la défense du commandant Cazals ; il reçut au milieu de la séance une lettre du défenseur officieux qui faisait connaître que son ministère était entièrement inutile, puisque les pièces authentiques fournies par le commandant Gazais et les rapports des témoins ne pouvaient laisser de doute sur sa conduite.

M. Gazais fut entendu et mit sous les yeux du conseil la sommation qui lui avait été faite le 4 nivôse (25 décembre). Le conseil, suffisamment éclairé, prononça un jugement qui fait autant d'honneur à la sagesse de ses membres qu au commandant Gazais ; en donnant des éloges à la conduite du commandant d el-Arich, il chargea son rapporteur de poursuivre les auteurs et instigateurs de la révolte de la garnison. Son jugement fut notifié à l'armée dans l'ordre du jour du...

Un deuxième jugement du conseil de guerre en date du 15 prairial suivant (4 juin), et maintenu par le conseil de révision le 19 du même mois (8 juin), condamna à la peine de mort les principaux coupables. Voici le rapport que le président du conseil fit à celle occasion au général en chef Kléber :

Rapport sommaire du jugement rendu contre les accusés pour l'affaire d el-Arich et des dispositions en faveur des officiers, sous-officiers et soldats qui se sont particulièrement distingués.

Goguet, chef de la 22e demi-brigade d'infanterie légère, président du conseil de guerre de la 1re division de l'armée.

Au général en Chef Kléber,

Citoyen Général,

Je dois vous rendre compte du jugement porté le 15 prairial par les membres du conseil de guerre de la 1re division, contre les auteurs de l'insurrection qui a eu lieu le 4 et le 8 nivôse à el-Arich. Je dois également vous prévenir que ce jugement a été maintenu par le conseil de révision le 19 du courant, et que le 20 les condamnés ont été exécutés.

Si les obligations attachées à la place que j'occupe, Citoyen Général, me font un devoir de presser le châtiment des coupables, c'en est un autre pour moi de vous faire connaître ceux qui, par la fermeté de leur conduite et par cet attachement inaltérable aux principes de l'honneur et à l'amour du bien, ont cherché à arrêter la révolte dans son principe. Le supplice des premiers a vengé la patrie ; il a en même temps fait à la brave armée que vous commandez une sorte de réparation qui était due aux sentiments d'énergie et de bravoure qu'elle a montrés partout. C'est aux autres que je parle :

« Estimable Gazais, si tu fus assez malheureux dans cette circonstance, pour avoir sous tes ordres quelques scélérats indignes du nom français et qui ont été sourds à la voix de l'honneur comme à celle de la persuasion que lu employas, tu n'en as pas moins rempli la tâche pénible qui t'était imposée ; reçois le tribut d'éloges que tu mérites, outre celui qu'on a rendu à ton innocence.

« Et vous intrépides Guillermin, Michel et Arnould, officiers de la 13e demi-brigade de ligne, continuez à faire preuve de l'héroïsme que vous déployâtes dans cette funeste journée. Vous vous êtes, par un dévouement généreux, exposés à périr pour épargner un crime à vos soldats. Si vos efforts ont été inutiles, votre intention était pure : vous serez toujours chers à vos camarades.

« Toi. brave Codicé. sergent à la 13e demi-brigade, il me semble te voir tenant en joue le forcené Barelte que ton audacieuse contenance arrêta au moment où il allait substituer un drapeau blanc au drapeau national. Le général en chef saura reconnaître cette honorable action : elle fera époque dans ta vie».

Ici le commandant parle avec éloges de plusieurs officiers et soldats parmi lesquels Bourdon. Sanguin. Barillet. Bigeon. Odoz, etc. Le rapport du commandant Gazais vous a convaincu. Citoyen Général, que tous les officiers étaient à leur poste : je ne peux donc vous mettre sous les yeux que ceux sur lesquels j'ai eu des renseignements particuliers. Je laisse maintenant à votre justice le soin de récompenser ceux qui se sont montrés dans cette affaire dignes d'être récompensés. Les membres du tribunal dont je suis l'organe se sont acquittés de leurs obligations en vous les désignant : ils seront heureux si, en remplissant leurs devoirs, ils ont pu mériter votre confiance et votre approbation.

Signé : GOGUET.

Fait à Paris dans le mois de pluviôse an XIII (février 1805) sur les notes et journaux faits à el-Arich, Ghazah, Damiette et au Caire.

Le capitaine du génie
Signé : BOUCHARD.

Éclaircissements

Le rapport du capitaine Bouchard, daté de février 1805, a donc été écrit quatre ans après les événements. Les précisions qu'il contient prouvent toutefois qu'il n'a pas été rédigé de mémoire et que son auteur a consulté, non seulement ses propres notes, niais les pièces du Conseil de guerre devant lequel fut évoquée la capitulation.

Avant d'en discuter certains éléments, il importe de mettre sous les veux du lecteur d'autre narrations. Le récit inséré dans l'*Histoire scientifique et militaire de l'expédition française en Égypte,* publiée à Paris entre 1830 et 1836, a utilisé le rapport du capitaine Bouchard, et nous montrerons comment ses auteurs avaient intérêt à contredire certains détails avancés par le capitaine Bouchard. Quoique tardifs (1827), les *Mémoires du maréchal Berthier* ne manquent pas d'un certain poids. Nous donnerons aussi la lettre du capitaine de grenadiers Feray, écrite le 26 nivôse an VIII (1 5 janvier 1800), soit quelques jours après la prise d'el-Arich. On a vu que Feray, fait prisonnier avec la garnison, fut libéré le 22 nivôse (11 janvier) et dépêché vers le général Kléber. Il avait fait à ses camarades la promesse de rendre compte au général des événements du siège d'el-Arich.

Mais avant de reproduire les différentes opinions des auteurs de mémoires, il y a lieu de mettre sous les yeux du lecteur les documents officiels par ordre chronologique.

Le Grand Visir à Mustapha pacha, prisonnier au Caire

Reçue le 23 octobre 1799.

Si les Français désirent sincèrement négocier avec la Sublime Porte, et nous donner des témoignages d'amitié en commençant des conférences de paix, qu'ils le prouvent en retirant leurs troupes d'el-Arich, kalieli el Salahieh ; qu'ils commencent par là à vous donner à vous-même la confiance qu'ils veulent que nous prenions ; on pourra alors entamer des négociations et travailler à leur sûreté[46].

Kléber à Desaix

26 frimaire an VIII (17 décembre).

Le 8 ou 9 de ce mois (décembre), le colonel John Douglas a envoyé son lieutenant-colonel Bromley à el-Arich pour faire au commandant de ce fort une sommation pleine de jactance et de ridicule, (le dernier y a répondu ainsi qu'il le devait ; mais celte démarche, qui ne peut avoir été faite que par les ordres du commodore Smith, me ferait presque croire qu'il ne mettra point dans la négociation toute la volonté possible pour la terminer[47].

Kléber au Grand Visir

29 frimaire an VIII (20 décembre).

Je ne parlerai pas à Votre Excellence de la sommation qui a été faite à la garnison d'el-Arich, de la part du colonel Douglas, en même temps que mes plénipotentiaires se sont rendus au lieu indiqué pour les conférences, parce que je suis convaincu que déjà elle aura désapprouvé cette démarche[48].

Le Grand Visir à Kléber

Quartier général de Gaza (sans date).

Reçue par un Tartare, arrivé au Caire le 22 décembre 1799.

Au modèle des princes de la nation du Messie, etc.

J'ai reçu et compris le contenu de la lettre que vous m'avez directement envoyée par Mousa, Tartare. en réponse à celles

---

[46] Mémoires de Berthier, p. 251.

[47] Rousseau, p. 149-150 ; Desprez, p. 139.

[48] Rousseau, p. 153 ; Desprez. p. 143.

que je vous ai précédemment écrites. Je pense que les dépêches que j'ai fait remettre à l'officier que yous aviez envoyé à bord du vaisseau du commandant anglais Smith, mon honoré ami, vous sont parvenues.

Vous m'avez écrit que vous voulez évacuer l'Égypte, et que les arrangements qui seront proposés et pris pour effectuer cette évacuation seraient conformes à la dignité et à l'équité de la Sublime Porte, ainsi qu'aux devoirs de l'alliance qu elle a contractée, et au droit des gens, afin d'épargner, par ce moyen, l'effusion du sang. Vous m'avez fait savoir plusieurs fois que vous désiriez ouvrir des conférences pour traiter de l'évacuation de l'Égypte, et que si, malgré ces avances, la Sublime Porte ne secondait pas de pareilles dispositions, vous n'étiez plus responsable devant Dieu ni devant les hommes du sang qui serait répandu ; préférant alors moi-même de traiter avec vous sur des propositions aussi raisonnables, j'ai consenti à l'ouverture des conférences.

Le commandant Smith, mon ami, vient de m'écrire qu'il s'était tout récemment rendu avec son vaisseau devant Damiette, et qu'il n'avait pas trouvé les délégués que vous avez consenti à envoyer à son bord ; mais que les mauvais temps l'ont forcé de quitter les parages de Damiette, et d'aller jusqu'à Jaffa, d'où il se rendrait de nouveau devant Damiette, avec l'espérance de trouver vos délégués, et que s'ils n'y sont pas encore arrivés, il se portera vers Alexandrie. Cependant une aile de mon armée se (rouve déjà devant el-Arich, et les troupes musulmanes commençant à détruire par des escarmouches les Français qui s'y trouvent, il est impossible qu'il n'y ait pas de sang répandu. Les circonstances ne me permettant pas de retarder la marche de mon armée, nous ne pourrons, en conséquence, prendre des arrangements conciliatoires, si nous ne profitions pas du temps qui s'écoule. Si donc vous êtes toujours dans les dispositions que vous avez manifestées, il importe que vous vous hâtiez de faire arriver vos plénipotentiaires à bord du vaisseau de mon ami Smith. Mais, comme les vents contraires et les mauvais temps ont été les motifs du retard qui a eu lieu jusqu'à présent, j'ai écrit au commandant Smith, que dans le cas où vos délégués seraient à son bord, il les conduisît à son quartier général de Gaza, où ils seront à l'abri de pareils accidents et des orages. Mais si vous n'avez pas encore envoyé vos délégués à bord du commandant Smith, et que vous soyez toujours disposé à terminer l'affaire de l'évacuation de l'Égypte sans elfusion de sang, je vous engage à envoyer par terre vos délégués à Gaza. Dès qu'ils y seront rendus, il n'y aura plus d'hostilités de part ni d'autre. Dès que vos envoyés seront à Gaza, j'inviterai le commandant Smith à s'y rendre, et l'on s'occupera d'arranger et de consolider l'affaire de l'évacuation de l'Égypte, dans l'endroit qui sera désigné à cet effet, sur le rivage de cette ville.

Comme vous me mandez, dans toutes vos dépêches, que votre volonté n'est point de répandre du sang, et que le succès de l'affaire dont il s'agit serait un moyen de rétablir l'ancienne amitié entre la Sublime Porte et les Français, je vous fais savoir que par la présente dont Mousa Tartare est porteur, que de pareilles dispositions ne peuvent jamais être rejetées par la Sublime Porte, parce qu'une semblable conduite serait contraire à notre équité et à notre loi.

J'espère que, lorsque vous aurez reçu cette lettre, et que vous en aurez compris le contenu, vous agirez, ainsi que vous l'annoncez clans vos lettres précédentes, el d'une manière conforme à votre intelligence et à la connaissance supérieure que vous avez des affaires[49].

Kléber au général Sanson

1er nivôse an VIII (22 décembre).

J'ignorais l'événement arrivé à el-Arich, lorsque je reçus votre lettre par laquelle vous me faites connaître que le trimestre du chef de bataillon Cazal est expiré, el qui m'a fait prendre la détermination d'envoyer à ce poste le général Morand. Ainsi cette affaire n'entre pour rien dans mes dispositions. Si vous croyez devoir laisser encore cet officier dans ce fort, j'y consens de grand cœur, mais je crains qu'il ne s'affecte tout autant

---

49 Mémoires de Dort hier, p. 321-323 ; Pièces diverses et correspondance, p. 373-374.

d'être remplacé dans son commandement que s'il était réellement relevé. Vous en agirez, toutefois, ainsi que vous le jugerez convenable. Mon intention n'est point de faire de la peine à Cazal, que j'aime et que j'eslime, et, au chapitre de l'amour-propre près, je crois qu'il s'arrangera fort bien avec Morand[50].

Kléber à Desaix et à Poussielgue

4 nivôse (26 décembre)

Il faut que les troupes ottomanes se retirent en totalité sur Gaza, sans rien laisser devant el-Arich.

Je ne réponds pas à la proposition de sir Sidney Smith relativement à l'occupation provisoire d'el-Arich et de Katieh par les troupes ottomanes : car je pense qu'elle n'a pu m'être faite sérieusement[51].

Kléber au général Reynier

7 nivôse (28 décembre).

Je reçois à l'instant votre lettre du 27 décembre (6 nivôse), par laquelle vous m'annoncez la présence des ennemis entre el-Arich et Katieh et la présence du Visir devant el-Arich. Quoique, ainsi que vous, j'aie peine à croire ces nouvelles, il faut pourtant agir comme si elles étaient fondées, réunir vos troupes à Salahieh et renforcer Katieh. car, si l'ennemi occupait ce dernier poste, il n'y aurait plus moyen de communiquer avec el-Arich[52].

Kléber a Reynier

8 nivôse (29 décembre).

Je me hâte de vous prévenir que je viens de recevoir à l'instant une lettre de l'adjudant général Devaux, qui m'an-

---

[50] Rousseau, p. 155.

[51] Rousseau p. 159 ; Desprez p. 142.

[52] Rousseau p. 163.

nonce que le général Desaix a conclu, le 3 nivôse, un armistice d'un mois. Ma lettre, dans laquelle je vous ai ordonné d'aller attaquer el-Arich et dont le général Robin s'était rendu porteur, était partie lorsque j'ai reçu cette nouvelle. Je change en conséquence mes dispositions et n'envoie à Belbeis que le général Rampon, avec la 75e demi-brigade et le restant du 9' régiment de dragons. Quant à vous, je vous donne l'option ou de marcher sur el-Arich et de culbuter Dervich Pacha, en feignant d'ignorer cet armistice, chose sur laquelle on s'expliquerait ensuite, ou bien, si vous n'étiez point en mesure de le faire, d'attendre un courrier que je vous expédierai très incessamment, des dépêches duquel vous prendriez connaissance pour vous y conformer. Vous devinez déjà que c'est un arrangement que je proposerai au grand Visir pour conserver la communication libre avec el-Arich. Cependant la première mesure est celle que je préférerais : de toutes les manières, il faut conserver nos communications[53].

Kléber à Reynier

8 nivôse (29 décembre).

Il faut aller débloquer el-Arich sitôt que vous serez en mesure ; L'attaque que je vous ordonne est d'autant plus nécessaire que les propositions de sir Sidney Smith sont de la plus grande indécence. Je ne crois pas que votre succès puisse être équivoque, et conséquemment vous allez vous couvrir de gloire[54]

Kléber au Grand Visir

8 nivôse (29 décembre).

J'apprends que les escarmouches continuent devant el-Arich et, en conséquence, je déclare à Votre Excellence que tant qu'elle n'aura pas fait retirer ses troupes à une bonne marche de ce fort, aucune trêve, aucun arrangement ne saurait avoir lieu.

---

[53] Rousseau, p. 165.
[54] Rousseau, p. 166.

Si les intérêts même confiés à Votre Excellence ne lui prescrivaient pas la plus grande loyauté, dans les circonstances actuelles, elle aurait dû y être déterminée par la franchise avec laquelle j'ai parlé et agi depuis nos relations[55].

Kléber à Reynier

9 nivôse (30 décembre).

Ci-joint une copie de la lettre que j'écris au grand Visir. Le pacha, de son côté, lui écrit également, ainsi qu'à Dervich Pacha, pour les engager à ne pas donner lieu, par une imprudence, à une rupture des négociations entamées, les engageant à retirer ou faire retirer leurs troupes à une marche d'el-Arich, pour me laisser la libre communication avec ce fort. D'après ces lettres et l'armée en marche qu'a vue le Tartare, j'ai presque la certitude que Dervich Pacha se retirera à votre approche. Mais il faudra marcher le plus tôt possible, et dès que votre division sera réunie. Je tiens singulièrement à ce que Morand et une nouvelle garnison soient jetés dans el-Arich avant que l'ennemi entreprenne de l'attaquer, et s'il y avait un convoi prêt à Katieh, vous ne manqueriez sûrement pas de l'y jeter en même temps. Aussitôt cette opération faite, vous reviendriez sur vos pas.

Quant à la nouvelle de l'armistice, elle ne m'est point arrivée directement par le général Desaix ; elle m'a seulement été annoncée par l'hurluberlu Devaux, et ce qu'il y a de particulier, c'est que Devaux m'annonce que cette trêve doit avoir été conclue le 3 (nivôse), tandis que j'ai reçu du général Desaix une lettre du 4, dans laquelle il ne m'en parle nullement. Ceci, tomme vous voyez, met notre conscience grandement à l'aise. Je suis impatient d'apprendre votre marche sur el-Arich ; instruisez-m'en le plus tôt possible[56].

---

[55] Rousseau, p. 166 : Mémoires de. Berlhier, p. 321 ; Pièces diverses et correspondance, p. 381.

[56] ROUSSEAU, p. 168-169.

Kléber à Reynier

10 nivôse (30 décembre).

Deux heures après que je vous ai eu expédié ma dernière, j'ai reçu une lettre de sir Sidney Smith du 26 décembre 1799, répondant au 5 de ce mois (nivôse), par laquelle il m'annonce qu'il va se rendre à Gaza avec mes deux plénipotentiaires, à l'invitation du grand Visir. La suspension d'armes, pendant le temps que dureront les négociations, ne peut donc plus être équivoque. Vous reviendrez vous-même, dès que vous aurez la certitude que l'adjudant général Morand sera arrivé à el-Arich[57].

(à *suivre.)*

G. Wiet.

[57] ROUSSEAU, p. 170-171.

*

Kléber à Desaix et Poussielgue

13 nivôse (3 janvier 1800).

Je vous prie de vous occuper vivement du déblocus d'el-Arich, sans lequel il serait difficile qu'un armistice pût avoir lieu[58].

Kléber a Desaix et Poussielgue

13 nivôse (3 janvier).

Vous devez conclure le traité sans hésiter et je m'empresserai de le confirmer. Je remettrai de suite pour garantie du traité le fort d'el-Arich[59].

Kléber à l'aide de camp Baudot

14 nivôse (4 janvier).

J'apprends à l'instant que le fort d'el-Arich a été pris de surprise le 30 décembre, tandis que l'armistice devait commencer le 24, suivant un avis donné par Devaux à Destaing.

Vous préviendrez de cet événement mes plénipotentiaires et vous leur ferez dire, si vous ne pouvez leur communiquer cette lettre, qu'il n'y a plus à balancer, qu'il faut terminer la

---

[58] ROUSSEAU, p. 175 ; DESPREZ, p. 146-147.
[59] ROUSSEAU, p. 176 ; DESPREZ, p. 146-147.

négociation, en se rapprochant le plus possible de mes dernières instructions. Hâtez votre marche ainsi que votre retour[60].

Kléber à Reynier

14 nivôse (4 janvier).

J'ai reçu votre lettre il y a deux heures. L'événement d'el-Arich est un de ceux auxquels on ne devait jamais s'attendre ; il est affligeant, mais il ne doit pas nous décourager. Une bataille gagnée peut nous donner encore le temps de nous reconnaître[61].

Kléber à Desaix et à Poussielgue

Quartier général du Caire, le 15 nivôse an VIII, 5 janvier 1800.

Hier à dix heures du soir, citoyens, c'est-à-dire longtemps après le départ du citoyen Raudot, j'ai reçu une lettre qui m'annonce que l'ennemi, ayant profité du caractère sacré d'un parlementaire, a surpris le 9 el-Arich, et après un grand carnage essuyé de part et d'autre, a réussi dans son entreprise. Vous devez naturellement être mieux que moi instruits de cet événement et de ses détails, et vous avez déjà pu faire vos réclamations à cet égard ; si cependant vos négociations prennent la tournure que j'en espère, il serait inutile d'insister sur la restitution du fort ; mais qu'au moins l'armistice proposé par sir Sidney Smith et par le grand vizir, et qui doit être connu maintenant de toute l'armée ottomane, soit à l'avenir respecté et garanti, si faire se peut, par des otages. J'aime d'ailleurs à croire que, ni le grand vizir ni sir Sidney Smith ne sont en rien et pour rien dans une entreprise aussi contraire au droit des gens. C'est à vous de m'en instruire.

---

[60] Rousseau, p. 177. — Dans son Journal, le capitaine Bouchard note le passage du général Raudot à Gaza le 17 janvier, en route pour el-Arich.

[61] Rousseau, p. 177 ; Mémoires de Berthier, p. 320 ; Skalkowski, p. LXV.

Ne voulant point écrire au grand vizir lui-même ni à sir Sidney Smith, sur cet objet, j'en fais dire un mot au premier par Mustapha pacha[62].

Kléber à Reynier

17 nivôse (7 janvier).

Il paraît que sir Sidney Smith, sous prétexte de mauvais temps, tient mes plénipotentiaires au large, pour laisser au vizir le temps d'agir[63].

Kléber à Reynier

18 nivôse (8 janvier).

Je viens de recevoir votre lettre du 5 janvier, par laquelle vous me faites part des renseignements que vous avez pris des deux soldats de la 13e sur l'événement d'el-Arich. Le grand vizir m'en parle à peu près dans le même sens. Les ennemis ont perdu un pacha à trois queues nommé Sélim Mustapha.

Je ne sais pas plus que vous s'il y a un armistice ou non ; je n'en suis instruit que par une lettre de mes deux envoyés dont je ne puis me servir, parce qu'il y est question d'autres choses encore, et que, d'ailleurs, ce n'est qu'une lettre et non une note officielle, signée des parties respectives ainsi que cela devait être. Il faut passer cette bévue à Desaix, qui capitule, ainsi que moi, pour la première fois ; mais comment la passer à Poussielgue, qui a la plus haute prétention à être versé dans tout ce qui concerne la diplomatie[64] ?

Desaix et Poussielgue à Kléber

8 janvier.

Nous nous sommes rendus devant Gaza. M. Smith s'est rendu au camp ; il y a appris qu'el-Arich s'est rendu le 8 nivôse,

---

[62] Rousseau, p. 179 ; Mémoires de Berthier, p. 328-329 ; Pièces diverses et correspondances, p. 391 ; Desprez, p. 148.
[63] ROUSSEAU, p. 179.
[64] Rousseau, p. 183-184.

que le grand visir y était, qu'il s'était commis, dans la prise de cette place, des atrocités qui lui ôtaient la confiance de nous engager d'aller joindre le grand visir, quoique le grand visir fût dans les meilleures dispositions, et que son autorité et celle du pacha eussent été méconnues dans cette occasion[65].

Sir Sidney Smith aux citoyens Desaix et Poussielgue

Au camp ottoman de Gaza, 9 janvier 1800.

Son Altesse le suprême Visir se trouvant à el-Arich, je vais m'y rendre pour arrêter l'effusion du sang, pendant que nous sommes en négociation. Les Turcs ne voulant pas absolument entendre parler d'une trêve qui les forcerait à rester dans l'inaction sur la lisière du désert, je pars sur un dromadaire pour aller plus vite. Le bâtiment que j'ai expédié, avec le développement des motifs qui me faisaient engager le suprême visir à tel armistice que la saine raison et l'usage commandaient, n'a pu s'approcher de la côte à cause du mauvais temps, et le parlementaire qu'a envoyé le général en chef Kléber à ce même sujet, n'est arrivé que le lendemain de l'événement fâcheux du massacre d'une partie de la garnison d'el-Arich. Les hommes composant cette garnison, n'ayant pas voulu écouter les sommations qui leur étaient faites avant l'approche d'une troupe effrénée qui devait les attaquer, sont entrés en pourparlers, quand il était trop tard. Mais, pendant qu'on capitulait à la grande porte du fossé, ils y ont pénétré, et ont fait comme à leur ordinaire, de la manière la plus horrible. Le colonel Douglas accouru pour tâcher de contenir cette horde de furieux, a manqué vingt fois d'avoir la tête coupée, de même qu'un garde marine, qu'un mouvement naturel d'humanité et d'indignation avait engagé à suivre le colonel qui a été renversé, et le couteau déjà sur le cou, quand il a été délivré par les janissaires. Le vizir n'a pas pu arrêter la troupe ni l'empêcher d'entrer dans le château. Cependant, le colonel Douglas, aidé par Rajeb Pacha, a arrêté le torrent dans le fort, tant qu'il a pu,

[65] Mémoires de Berthier, p. 365-366.

et a réussi à sauver le commandant et près de la moitié de la garnison[66].

Rapport du citoyen Feray, capitaine des grenadiers de la treizieme brigade, sur ce qui s'est passé à el-Arich[67]

Le 2 nivôse (22 décembre 1799), l'armée turque parut devant le fort d'el-Arich, et l'investit. Dans la nuit du 2 au 3 la tranchée fut ouverte devant le front de la Porte, et une batterie de mortiers fut établie, ainsi que quelques petites pièces, qui commencèrent à jouer, mais ne firent que très peu de mal. Ils continuèrent la nuit suivante à pousser leur tranchée.

Dans la journée du 4 (24 décembre) une grande partie des soldats de la garnison parla de rendre la place, et il fut remis au chef de bataillon Cazot *(sic)* une pétition signée de quatre-vingts soldats, qui lui disaient que la garnison ne voulait plus se battre, et qu'ils lui ordonnaient de se rendre.

Le commandant rassembla le lendemain matin la garnison et les officiers : il dit, ainsi que les officiers, aux lâches qui ne voulaient pas se battre, qu'ils pouvaient sortir du fort et se rendre à l'ennemi ; qu'eux étaient résolus de ne pas se rendre. Toute la garnison répondit qu'elle se battrait, et aucun soldat ne voulut sortir. Depuis lors, jusqu'au 9 (29 décembre), la garnison fut tranquille, et le soldat ne parla plus de rendre la place. L'ennemi continua ses travaux et approcha des tranchées. Il ne tombait dans le fort qu'une petite quantité de bombes, lesquelles faisaient peu d'effet. Le 8 (28 décembre), une batterie que l'ennemi avait établie sur une dune de sable pour battre en brèche la tour à gauche de la porte, fut prête et commença à jouer ; elle était armée de pièces de petit calibre qui firent peu d'effet. Le feu des batteries du fort démonta une partie des pièces et en éteignit le feu. Les autres batteries avaient écrêté une partie du parapet des courtines.

---

[66] Mémoires de Berthier, p. 361-362 ; Pièces diverses et correspondance, p. 391-392.

[67] Pièces diverses et correspondance, p. 249-252.

Le 9 (29 décembre), les tranchées de l'ennemi furent poussées jusqu'à l'angle saillant du bastion commencé en avant de la tour où la brèche fut faite lorsque nous prîmes el-Arich, et sur le glacis fait devant le front. Le feu de l'artillerie et de la mousqueterie fut plus vif cette matinée qu'il ne l'avait été jusqu'alors. Le commandant ordonna au capitaine de grenadiers Feray de faire une sortie avec les grenadiers pour chasser les Turcs de leur premier boyau ; mais les grenadiers refusèrent de marcher, et le capitaine, qui ne fut suivi au boyau que par trois grenadiers, fut contraint de rentrer. Dans le moment qu'il rentrait dans sa lunette, une partie de la garnison a abattu le drapeau qui était au-dessus de la porte. Les canonniers ont cessé de tirer, et des drapeaux blancs ont été arborés. Un sergent de grenadiers ramassa le drapeau qui était tombé dans la lunette, et fut le replanter sur la porte ; le capitaine Guillermain s'établit à côté de ce drapeau avec deux soldats de la treizième pour empêcher de l'abattre de nouveau. Le commandant et les officiers firent de vains efforts pour contraindre les soldats et canonniers à continuer le feu et abattre les drapeaux blancs ; tout fut inutile ; les lâches révoltés appelèrent du rempart les Turcs, qui sortirent en foule de leurs boyaux pour s'approcher du fort. Toute l'armée turque, infanterie et cavalerie, vint en peu de temps ; des soldats jetèrent du rempart des cordes aux Turcs pour les aider à monter dans le fort. Une poterne se trouva ouverte, on ignore comment, et dans un moment le fort se trouva rempli de Turcs, qui désarmèrent la garnison, et coupèrent la tête de ceux mêmes qui leur avaient jeté des cordes pour monter. Dans ce moment, le commandant Cazot essaya de faire une capitulation avec Sélim Moustafa Pacha et un officier anglais, qui étaient entrés dans le fort. Elle fut réglée. La garnison devait poser les armes et être prisonnière ; mais il ne fut pas possible de remettre l'ordre chez les Turcs. Les Français qui tombèrent entre les mains des officiers turcs ou anglais furent conduits au camp du grand Visir ; les autres, excités à ne pas se rendre par l'exemple de ceux à qui l'on coupait la tête, se défendirent une demi-heure après leur entrée dans le fort. Le capitaine Feray était déjà arrivé au camp du grand Visir lorsqu'on entendit l'explosion du magasin à poudre. Les

Français qui se trouvaient encore le plus près du fort, lorsque cette explosion eut lieu, furent victimes des Turcs qui les conduisaient ; ils leur coupèrent la tête ; de ce nombre était le chef de bataillon Grand-père.

Le matin du 9, la plus grande partie de la garnison avait bu beaucoup d'eau-de-vie, et beaucoup étaient ivres sans qu'il y eût aucune distribution faite par ordre du commandant.

Du 2 au 8, il y avait eu sept ou huit hommes de la garnison de tués ou blessés ; dans la matinée du 9, il y eut une trentaine de blessés.

Deux cent seize hommes, compris quatorze officiers, ont été faits prisonniers et conduits à Goya *(sic)* ; de ce nombre cent seize de la troisième demi-brigade de bataille.

Au camp, sous Salihié, le 26 nivôse an VIII.

Signé Feray, capitaine.

Pour copie conforme : *Signé* Kléber.

Kléber à Desaix et Poussielgue

29 nivôse (19 janvier).

Vous savez sans doute actuellement que le fort d'el-Arich n'est tombé au pouvoir des ennemis que par la trahison de la garnison, qui a hissé elle-même les ennemis dans l'intérieur du fort[68].

Extrait du procès-verbal du conseil de guerre tenu au camp de Salahieh, le 1er pluviôse an VIII (21 janvier 1800)

« Que la prise d'el-Arich et les circonstances qui ont forcé sa reddition, doivent du moins refroidir l'opinion exagérée que l'on pourrait concevoir des bonnes dispositions des troupes, puisqu'il est à craindre que, n'étant plus animées que du désir d'un prompt retour en France, très fortement prononcé, elles imitent le fatal exemple des 500 hommes chargés de la défense d'el-Arich : cette garnison voyant que son commandant avait

---

68 ROUSSEAU, p. 197-198 ; DESPREZ, p. 160.

rejeté, comme l'honneur le lui prescrivait, la sommation qui lui avait été envoyée, lui demanda par écrit à rendre la place à l'ennemi, abattit le drapeau tricolore, en arbora un blanc et appela l'ennemi hors des tranchées pour le hisser sur ses remparts avec des cordes qu'elle lui jeta elle-même ; c'est ainsi que cette place, que le général Bonaparte regardait comme une des deux clefs de l'Égypte, fut livrée aux Turcs»[69].

Kléber au Directoire

8 pluviôse (28 janvier).

Le grand vizir, poussé par l'impatience de son armée et plus encore par sa cour, entièrement maîtrisée par les Anglais, vint se poster devant el-Arich, pour attaquer ce fort, que la lâcheté de la garnison remit en son pouvoir le septième jour de sa présence[70].

Kléber au Directoire

10 pluviôse (30 janvier).

Le vizir s'était porté sur el-Arich, et s'était emparé de ce fort le 9 nivôse. Il ne dut ce succès qu'à la lâcheté d'une garnison de près de 600 hommes, qui se rendait sans combattre, le septième jour de l'attaque[71].

Rapport d'un chef de bataillon de la 85e brigade au Premier Consul

1er brumaire an IX (23 octobre).

Pour justifier une honteuse capitulation le général Kléber a calomnié l'armée ; il a motivé la prétendue nécessité de traiter avec l'ennemi sur les insurrections partielles qu'il soudoyait peut-être. Il a laissé prendre el-Arich ; je défie ses plus zélés partisans de nier ce fait. Il sacrifie impitoyablement six cents

---

[69] Hist. scientifique, VII, p. 74.
[70] Rousseau, p. 207-208.
[71] Rousseau, p. 215.

hommes à l'horreur qu'il avait conçue contre l'expédition d'Égypte et obtient à ce prix de nouveaux prétextes pour l'évacuer[72].

Mémoires du maréchal Berthier[73]

Les mameloucks nous avaient fait quelques prisonniers qui gémissaient dans les cachots. Ils se rendirent auprès d'eux, les plaignirent, et, passant à l'officier qui les commandait lorsqu'ils avaient été pris, ils lui annoncèrent que ses fers allaient tomber, que des ordres étaient donnés pour qu'il fût traité avec distinction. Ils l'engagèrent à ne pas méconnaître la bienveillance du chef de l'année turque qui les brisait. Le Français était encore à chercher où tendaient ces insinuations, lorsqu'il voit entrer l'interprète du vizir, qui lui représente que la privation des effets qu'ils avaient au fort rendait sa position, celle de ses soldats, pénible, et l'invite, au nom de son maître, à les réclamer. Il y consentit : cet acte de docilité parut de bon augure ; on l'envoya chercher, au nom du vizir. On le conduisit dans une tente magnifique, où se trouvaient les officiers anglais avec les généraux musulmans. On lui adresse d'abord une foule de questions : on veut savoir les ouvrages qui couvrent el-Arich, les troupes qui les défendent ; on n'omet, en un mot, rien de ce qui peut l'embarrasser, le compromettre ; et, quand on juge que son trouble est au point où on se propose de le porter, on lui présente à signer la lettre qu'il doit écrire. Heureusement il n'était pas homme à se laisser imposer. Il lit, parcourt, reste muet d'étonnement, en voyant qu'au lieu d'une réclamation d'effets, c'est une invitation de livrer le fort, de se rallier au vizir, qui comblera de biens, et fera passer en France ceux qui trahiront leurs serments. Il se plaignit de l'indigne piège qu'on lui avait tendu, resta sourd aux prières comme aux menaces, et fut reconduit dans sa prison. L'interprète ne tarda pas à le suivre. Il lui fit une peinture animée de la colère du vizir, lui montra les ennuis, les mauvais traitements qu'il se préparait, et

[72] REYNIER, Mémoires, p. 187.
[73] Mémoires de Berthier, p. 302-314.

lui présenta un nouveau projet de lettre. Le malheureux était trop ému pour en démêler la perfidie, et signa. Une fois munis de cette pièce, les officiers anglais menèrent rapidement à fin la trame qu'ils avaient ourdie. Ils avaient parmi eux un émigré qui avait autrefois servi dans le régiment de Limousin, d'où sortait presque en entier la garnison du fort. Il était délié, adroit, capable d'organiser la révolte ; il fut chargé de la semer parmi ses anciens soldats. Cette mission exigeait le concours d'un intermédiaire ; mais il avait les prisonniers sous la main, il trouva sans peine l'homme qu'il lui fallait. Il choisit un vieux caporal de sapeurs ; il lui prodigua l'eau-de-vie, l'argent, les caresses, et eut bientôt triomphé des scrupules que ce malheureux lui opposait. Quand il le vit bien libre, bien dégagé de toute affection nationale, il l'emmena avec lui sous les murs d'el-Arich. Il fit halte dès qu'il fut à la vue des postes, donna ses dernières instructions à son émissaire, et se fit annoncer. Le commandant lui envoya une tente, des rafraîchissements, et ne tarda pas à arriver lui-même. L'émigré lui remit des lettres, où le colonel Douglas, tout aussi philanthrope que son chef, ne parlait que d'honneur, que de la nécessité de prévenir l'effusion du sang ; et lui demandait la remise de la place par pure humanité, car ses troupes étaient si nombreuses, les motifs si péremptoires, que ce serait folie de résister.

Cette sommation était étrange, et les insinuations qui l'accompagnaient, encore plus. Le commandant le fit sentir à l'émigré, qui s'excusa, parla des forces, de la férocité des Turcs, et ouvrit une discussion verbale, dont son émissaire profita pour se glisser parmi nos postes. La curiosité, le désir d'avoir des nouvelles de leurs camarades, les avait groupés autour de lui ; il répandait la séduction à pleines mains : il montrait les pièces d'argent qu'il avait reçues, vantait les bons traitements que tous éprouvaient, et se félicitait, du bonheur qui lui était garanti de repasser incessamment en France. Quelques-uns de ses auditeurs témoignaient des doutes ; vous ne m'en croyez pas, leur dit-il ; à la bonne heure : « mais vous en croirez peut-être le lieutenant. Tenez, voilà la lettre qu'il écrit aux officiers de la 9e. » Elle n'était pas cachetée ; elle fut aussitôt ouverte, transmise de main en main, et causa une sorte de rumeur qui appela l'attention du commandant. Il vit l'imprudence ; mais le mal était fait ; et puis, comment imaginer qu'un homme d'honneur, qu'un Français se fît l'agent d'une si odieuse machination. Il lit retirer le prisonnier, consigna la troupe, et répondit au colonel Douglas qu'il ne revenait pas de sa surprise de recevoir une sommation au moment où un armistice, offert par son chef, avait suspendu les hostilités. Les relations fussent-elles d'ailleurs tout hostiles, les généraux ne fussent-ils pas en pleine négociation pour la paix, rien ne l'autorisait à sommer une place devant laquelle ses troupes n'avaient pas encore paru.

L'émigré avait jeté de coupables espérances dans la troupe, et réveillé des souvenirs que la circonstance rendait fâcheux ; il se retira. Ces germes de désordre étaient lents à se développer. Les Anglais recoururent à une autre ruse. El-Arich, placé à quatre journées de marche dans le désert, n'était soutenu que par le poste de Katieh. Ses communications étaient longues, pénibles, exigeaient des escortes assez nombreuses. Les officiers de Sidney imaginèrent de mettre cette circonstance à profit. Ils multiplièrent les messagers du vizir, expédièrent des Tartares, qui, effrayés, tremblaient au seul nom de Bédouins, refusaient de continuer leur route, s'ils n'étaient protégés par trente à quarante hommes. Le commandant, qui avait pénétré l'artifice, se montrait peu disposé à se prêter à ces frayeurs ; mais ils insistaient, se retranchaient sur l'importance de leurs dépêches, et finissaient toujours par enlever quelques soldats à la garnison. Enfin, le Tartare de confiance du généralissime se présenta, et déclara net qu'il ne courrait pas les risques de la traversée, si on ne lui donnait une escorte capable de contenir les tribus. Le commandant Cazal disputait sur le nombre, et était bien résolu à ne pas céder, quelque spécieuses que fussent les allégations, lorsqu'un détachement de dromadaires chargé de lui remettre trois Efendis que Kléber envoyait au vizir, se présenta. Cette troupe allait reprendre le chemin de Katieh ; le Tartare fut sans prétexte, et le fort ne se dessaisit d'aucun de ses défenseurs. Sa position, néanmoins, n'en devint pas meilleure. Les dromadaires s'étaient mêlés à la garnison, et avaient imprudemment répandu parmi elle qu'ils avaient ordre de se replier sur Salihieh dès qu'ils verraient el-Arich investi. Cette nouvelle ébranla sa constance : elle se crut sacrifiée, perdue, et ne montra plus qu'indécision.

Enfin, l'armée ottomane déboucha ; elle s'établit sur le torrent qui couvre le fort, occupa le bois de palmiers qui l'avoisine, s'étendit au pied des dunes, porta un corps de mameloucks au puits de Massoudia, et poussa un gros de cavalerie à la gorge du désert. Ces dispositions achevées, elle envoya sommer la place. Son parlementaire se présenta avec un de nos prisonniers, et menaça la garnison, si elle ne rendait immédiatement le fort de ne lui faire aucun quartier. Le commandant ne voulut rien entendre ; on s'adressa à ses soldats. Ils étaient encore tout étourdis d'une attaque bruyante qui venait d'avoir lieu ; ils eurent la faiblesse de prêter l'oreille à de coupables espérances, et une insurrection terrible ne tarda pas à éclater. Le feu s'était ranimé ; les Turcs s'élancaient de la première parallèle, et, plantant leur drapeau dans les sables, travaillaient des pieds et des mains à s'établir sur une ligne plus rapprochée du fort. Ils avaient d'abord obtenu quelque succès ; mais nos projectiles tombaient si juste que les hommes, les guidons, quoique aussitôt remplacés qu'abattus, furent à la fin obligés de disparaître.

Le début était heureux, le moral des troupes pouvait se remonter, on redoubla de séductions. On enivra de nouveau les soldats de l'espoir de revoir la France ; on leur exagéra les forces du vizir. On fit valoir l'habile distribution des corps qui cernaient la place ; on insista sur l'impossibilité où ils étaient d'être secourus. Abandonnés, perdus au milieu du désert, que pouvaient-ils contre les hordes sauvages que l'Asie poussait sur eux ? Pouvaient-ils se flatter de les vaincre ? Pouvaient-ils même se promettre de les arrêter ? Pourquoi se dévouer à d' inutiles tortures ? Pourquoi s'exposer aux outrages dont ces barbares accablent les vaincus ? N'était-il pas plus sage d'assurer, au prix de quelques mesures qu'on ne pouvait défendre, la vie de tant de braves, qui, résignés à verser leur sang pour la France, voulaient du moins que leur mort lui profitât. Résister n'offrait aucune chance de salut ; traiter les présentait toutes : il fallait traiter.

La garnison ébranlée hésitait encore sur ce qu'elle avait à faire ; mais la force vint seconder l'artifice, les attaques se développèrent pour appuyer la séduction. Les Turcs débouchent tout à coup du vallon des Citernes. Ils culbutent, replient nos avant-postes, et s'établissent dans des ruines, d'où on essaie en vain de les débusquer. Cette brusque irruption achève ce que la perfidie a commencé. Les troupes désespèrent d'elles-mêmes ; elles s'agitent, s'inquiètent, et, se révoltant à la vue des vains dangers auxquels on les expose, elles demandent impérieusement que les hostilités cessent, et que le fort soit rendu. Le commandant essaie de ranimer leur courage. Il les rassemble, leur expose leur situation, leurs ressources, l'importance du poste qui leur est confié, les espérances que l'armée fonde sur leur bravoure ; tous ses efforts sont inutiles. Ses conseils sont accueillis par des murmures, ses observations couvertes de cris séditieux ; on l'interrompt ; on refuse de l'entendre ; on ne veut plus lui obéir.

Il ne se rebute pas néanmoins. Il interpelle ses soldats ; il leur reproche durement de prêter l'oreille à des suggestions perfides, de s'abandonner à de coupables espérances, et leur montrant le camp des ennemis : Eh bien ! leur dit-il, puisque vous n'osez affronter les Turcs, courez, j'y consens, mendier leurs outrages. Les braves qui n'ont pas abjuré les sentiments français suffiront à défendre le fort ; les portes sont ouvertes, allez.

Les ponts-levis s'étaient, en effet, abattus ; mais la résolution du commandant en avait imposé. La troupe était subjuguée, confondue ; elle manifestait l'intention de se défendre, Cazal la renvoya à ses positions. La nuit ramena les intrigues ; tout était de nouveau changé quand l'attaque recommença. Les Turcs s'échappèrent en tumulte de leurs tranchées, se répandirent sur les glacis, bravèrent le feu des détachements qu'ils n'avaient pu ni intimider ni séduire ; et, se portant tout à coup sur leur droite, ils se jetèrent dans le bastion, et l'occupèrent sans brûler une amorce. Ils suivirent les troupes qui avaient si honteusement rendu les postes qu'elles devaient défendre. Ils pénétrèrent dans les retranchements, se couvrirent de tout ce qui leur tomba sous la main, et parvinrent à se maintenir malgré la mousqueterie qui partait des tours, des parapets voisins.

L'ennemi était au pied des ouvrages, une partie des troupes annonçait les dispositions les plus fâcheuses ; tout était dans le désordre et la confusion. Les uns, inspirés par la frayeur, s'écriaient que les murailles allaient sauter ; que les Turcs avaient attaché la mine ; les autres, poussés par la malveillance, déploraient l'obstination du commandant et soutenaient que la garnison était perdue si elle ne se hâtait de capituler. Cazal essaya de calmer ces frayeurs. Il fit jeter quelques obus sur les points menacés, et ordonna de déplacer toutes les poudres, tous les projectiles qui pourraient aggraver l'explosion. Le feu s'était peu à peu ralenti pendant qu'on se livrait à ces soins ; les terreurs semblaient dissipées, les imaginations mieux assises ; il résolut de hasarder une sortie. Chargé de balayer les retranchements qu'occupent les Osmanlis, le capitaine Ferey réunit ses grenadiers, ouvre la barrière, commande, part, et n'est suivi par personne. Il revient, prie, exhorte, commande encore, et n'est pas mieux obéi. Le commandant accourt, rappelle aux mutins tout ce que le devoir, l'honneur inspirent, sans être plus heureux. Trois fois il leur ordonne de le suivre à l'ennemi ; trois fois ils lui répondent qu'ils ne marcheront pas, qu'ils ne veulent plus se battre. La rébellion se propage comme un trait ; au-dedans, au-dehors, les troupes ne connaissent plus de frein. L'un se plaint qu'on les sacrifie ; l'autre jure qu'il ne brûlera pas une amorce ; tous prétendent que le fort va sauter, et demandent à grands cris qu'il soit rendu. Cazal, pour toute réponse, leur montre l'ennemi qui chemine. Il les presse, les engage à continuer le feu ; mais loin de les ramener, sa constance les irrite ; ils jettent, brisent leurs armes, ou, montant sur le parapet, ils les agitent la crosse en l'air, et font signe aux assiégeants qu'ils sont prêts à se rendre. Quelques-uns même se portent au drapeau ; ils l'abattent, le précipitent dans la lunette, et ne s'aperçoivent pas plus tôt qu'il est de nouveau arboré, qu'ils accourent pour le renverser encore et lui substituer un drapeau blanc. Quelques braves accourent à la défense des couleurs nationales. Le capitaine Guillermain fond sur ceux qui les attaquent ; le sergent Codicé se joint à lui ; ils se groupent autour du signe qu'ils ont juré de conserver intact ; ils bravent, ils menacent, et réussissent à éloigner les furieux qui, plus d'une fois, les couchent en joue.

Cependant, les Turcs voyant que le fort ne tirait plus, accourent en foule, et des lignes et du camp, ils couvrent les glacis, inondent les fossés. Bientôt une multitude sauvage qu'on n'a aucun moyen d'éloigner, se presse au pied des retranchements, et demande à grands cris d'être reçue dans la place. Elle s'essaie à escalader les bastions, entasse des matériaux qui n'ont pas encore été mis en œuvre ; et tel est l'aveuglement de nos soldats, qu'ils lui jettent des cordages, qu'ils l'aident à franchir les remparts. Les prisonniers qui, jusque-là étaient restés paisibles, se soulèvent à la vue de leurs camarades hissés sur les murs. Ils renversent les pierres qui interceptent la communication du fort au bastion ; ils ouvrent la poterne, introduisent tout ce qui se présente, et fondent sur les Français. Ceux-ci sentent alors la faute qu'ils ont commise ; ils se rassemblent, se pelotonnent, rompent, écrasent les Turcs ; mais, accablés bientôt par une soldatesque sauvage, dont les flots vont toujours croissant, ils tombent sous le damas auquel ils se sont imprudemment livrés. Ce n'est plus un combat, c'est une boucherie où quelques hommes rares se débattent au milieu d'une troupe d'égorgeurs. Cazal parvient cependant à se faire jour, à la tête de quelques-uns des siens. Il gagne la porte du fort, s'y établit, s'y barricade, et oppose, à la foule qui le presse, une résistance dont elle ne peut triompher. Douglas, qu'attire la chaleur du combat, le somme, le supplie de se soumettre au sort. Il s'y refuse, et proteste qu'il est résolu de s'ensevelir sous les décombres s'il n'obtient une capitulation. Rajeb-Pacha, l'aga des janissaires, surviennent *(sic)* au même instant ; ils ont fait briser les palissades, renverser les barrières ; la porte est le seul obstacle qui leur reste à franchir pour pénétrer dans le fort. Ils s'irritent, demandent qu'elle soit ouverte, et consentent cependant à la proposition de Cazal, que leur transmet Douglas. On écrit aussitôt ; on rédige une convention ainsi conçue :

Article premier

La garnison du fort sortira avec les honneurs de la guerre, et emportera ses bagages. Les officiers conserveront leurs armes et leurs effets.

Art. 2

Les malades et les blessés sont recommandés à la générosité de l'armée ottomane.

Fait au fort d'el-Arich, le 8 nivôse an VIII.

Le colonel Douglas signa cette pièce, en expliqua le contenu aux pachas, impatients, qui y apposèrent leur sceau, et la repassa au commandant, qui la garda.

On se mit aussitôt à déblayer les barricades, et la porte fut ouverte. Semblables à un torrent qui a rompu ses digues, les Turcs se précipitent alors dans la forteresse, et portent partout le ravage et la mort. Les uns se répandent dans l'hôpital, égorgent les malades et les blessés dans leurs lits ; les autres convertissent les forges en ateliers d'assassinats. Ici, ils décapitent sur l'enclume les malheureux qu'ils immolent ; là, ils les mutilent à coups de pelle et de pioche sur la culasse des canons. Plus loin ils les précipitent par-dessus le rempart, ou les descendent avec des cordes, pour les livrer à d'autres tigres impatients de les égorger. Tel fut le résultat des manœuvres philanthropiques des officiers de Sidney ; l'humanité, l'honneur, tout avait été foulé aux pieds pour arriver à cette horrible hécatombe.

Récit de l'histoire scientifique et militaire de l'Expedition française

Desaix et Poussielgue se rendirent à bord du *Tigre* au large de Damiette le 23 décembre 1799.

« Leur premier acte à bord fut de répondre à une demande insidieuse de sir Sidney Smith au sujet d'une suspension d'armes entre l'armée ottomane et les troupes françaises. Suivant le Commodore, le Grand Vizir n'adhérait à ce préliminaire que moyennant la cession provisoire des postes d'el-Arich et de Kattieh. Les négociateurs repoussèrent formellement cet abandon, et se renfermèrent dans les termes d'une trêve pure et simple pour éviter l'effusion du sang. L'événement dira plus tard ce qu'il pouvait y avoir de prémédité dans cette ouverture du Commodore anglais[74]. »

« Il faut dire[75] que des accusations graves ont pesé sur le Commodore Sidney Smith. On a avancé que l'attaque d'el-Arich concertée à l'avance entre le Vizir et sir Sidney Smith n'était pas un fait qu'on dût regarder comme accompli en dehors de sa volonté. Les retards de la traversée, l'exaspération entretenue parmi les troupes ottomanes, le plan de l'attaque, l'intervention d'officiers anglais, l'embauchage et le sédition de la garnison, tout cela au dire de ces auteurs partait d'une main plus exercée que celle du hasard ou celle de l'imprévoyance turque. Les mesures, ajoutent-ils, étaient prises pour le désastre, et le jour fixé de telle sorte qu'à l'apparition du *Tigre* sur les attérages syriens, les plénipotentiaires n'auraient plus qu'à s'y résigner.

Quoiqu'on ait donné un caractère officiel à ces allégations passionnées, nous devons dire qu'elles nous semblent inadmissibles dans leur sens absolu. Sans doute la prise d'el-Arich servit plutôt qu'elle ne contraria les vues du Commodore ; sans doute, avant que la perspective de négociations praticables se fût offerte à lui, il avait appuyé de ses conseils les projets du Grand-Vizir ; mais de là à cet événement qui coûta la vie à tant de Français, de là à cette catastrophe d'el-Arich, où les impressions du moment dominèrent, où l'effervescence, le découragement, la révolte de la garnison firent plus que toutes les attaques extérieures, il y a tant de distance et si peu d'affinité, qu'il faut repousser toutes ces récriminations systématiques, filles de leur temps et bien vieillies aujourd'hui. À trente-cinq ans de distance, on peut juger ces choses avec plus de calme, et ne pas tordre les faits pour en exprimer de la haine contre un homme ou contre une

---

[74] Histoire scientifique, VII, p. 20.
[75] Histoire scientifique, VII, p. 23-58.

nation. C'est assez dire que dans cette occasion, comme dans toute autre, nous nous en tiendrons au récit simple, au récit complet et impartial.

Depuis le retour du corps expéditionnaire, qui avait fait la campagne de Syrie, el-Arich, située a l'extrême frontière, et l'une des clefs de l'Égypte, avait été mise dans un meilleur état de défense. Ses fortifications consistaient alors en quatre murs de sept pieds d'épaisseur et de vingt-sept pieds de hauteur moyenne, non terrassés, flanqués par quatre petites mauvaises tours, qui occupaient les angles : un parapet de trois pieds de large, percé d'embrasures, entourait le sommet des tours, et un autre, d'un pied et demi, couronnait les quatre courtines. Deux fronts couverts par des décombres, tandis que le pied des autres était aperçu de la campagne, une petite lunette qui couvrait la porte et un petit bastion commencé près d'une des tours, tel était le complément de ces ouvrages au moment de l'attaque ottomane.

Depuis le 21 vendémiaire an VIII (13 octobre 1799), le chef de bataillon du génie Cazals avait remplacé, dans le commandement de ce poste, le chef de bataillon du génie Geoffroy. Les reconnaissances faites dans les environs non seulement avaient servi à constater l'état de la contrée, le gisement des puits, la direction des chemins, et les forces des tribus arabes qui la traversaient ; mais il en était résulté à diverses reprises, pour la garnison française, un butin considérable en chameaux, en soieries et en denrées.

Un ordre arrivé du quartier-général vers la mi-brumaire prévenait Cazals des grands rassemblements de troupes turques, dont la Syrie était alors le théâtre ; il lui enjoignait de surveiller cette frontière avec rigueur, soit pour prévenir l'entrée d'espions mamlouks, soit pour arrêter l'exportation des vivres. Vers le même temps, le commandant de l'arme du génie Sanson et le général de brigade Bertrand vinrent inspecter les travaux de la défense, et leur donner une nouvelle activité.

De leur côté, les troupes ennemies ne restaient pas inactives. Le Grand-Vizir continuait à masser ses forces du côté de Jaffa, pendant que l'avant-garde, composée principalement de mamlouks d'Elfy-Bey, organisait des camps volans, de Ghazah à el-Arich, et poussait même des reconnaissances jusqu'au pied de la ville frontière. Ce fut dans l'une de ces expéditions, qu'un parti considérable de Mamlouks rencontra une patrouille française, sortie du fort à la diane, et aventurée au-delà du rayon habituel : douze hommes de la neuvième demi-brigade et trois sapeurs la composaient : ils furent enveloppés, et trois soldats qui firent feu payèrent cette audace de leur vie ; les autres, attachés à la queue des chevaux, furent entraînés jusqu'à Ghazah, puis dépêchés à Jaffa, vers le Grand-Vizir. Cette petite escouade de prisonniers avait à sa tête le lieutenant de grenadiers Landry, sur lequel les Turcs et les Anglais essayèrent, dit-on, tout à tour, les influences de la peur et des promesses. Profitant de l'état de dénuement où se trouvaient ces malheureux soldats, on parla d'envoyer l'un d'eux au fort d'el-Arich, pour y réclamer ses effets et ceux de ses camarades. Dans un journal détaillé sur les événements de ce siège, le capitaine du génie Bouchard ajoute que le lieutenant Landry ayant consenti à cette démarche, fut conduit dans la lente du Grand-Vizir, où se trouvaient les dignitaires de l'armée ottomane et quelques officiers anglais. On lui fit plusieurs questions sur le fort d'el-Arich, sur l'importance de ses ouvrages, sur le chiffre de sa garnison ; puis, quand on crut l'avoir étourdi et troublé, on lui présenta brusquement une lettre à signer, laquelle n'était censée contenir qu'une réclamation d'effets. Heureusement l'officier lut ce qu'on lui présentait, et grande fut sa surprise, lorsqu'à la suite de phrases insignifiantes, il trouva une invitation à ses frères d'armes de livrer le fort au Grand Vizir, qui devait combler de biens et renvoyer en France ceux qui se fieraient à lui. Indigné d'un piège pareil, Landry refusa de signer cette lettre infâme ; mais, s'il faut en croire Bouchard, cédant ensuite aux instances de l'interprète, il consentit à valider de son nom une pièce moins ouvertement provocatrice. Pour suivre sa version, devenue officielle sous la plume de Berthier, ajoutons que celte lettre passa dans les mains d'un caporal de sapeurs, homme accommodant et prompt à se prêter au rôle que l'on sollicitait de lui. Ce porteur de missive partit de Ghazah avec le lieutenant-colonel Bromley (général Tromelin), émigré français, alors au service de l'Angleterre sous un nom supposé. Bromley était envoyé vers Cazals, comme parlementaire, par le chef des auxiliaires anglais, le colonel John Douglas. Il devait lui remettre une sommation, dans laquelle le commandant français était invité à se rendre sans défense préalable.

(à *suivre*.)

G. Wiet.

Récit de l'histoire scientifique et militaire de l'expédition française

Bromley et le prisonnier partirent ; le 18 frimaire (9 décembre), ils étaient en vue des avant-postes d'el-Arich. Bromley portait l'habit anglais sous sa longue robe turque ; son compagnon avait son uniforme français. Averti de l'arrivée du parlementaire, Cazals lui envoya une tente et des rafraîchissements ; puis il sortit du fort pour s'aboucher avec lui. La sommation assez ridicule de John Douglas provoqua une réponse énergique et digne, et des explications verbales achevèrent de convaincre Bromley qu'on n'aurait pas bon marché d'un caractère aussi loyal et aussi ferme. Mais, pendant que ceci se passait entre le commandant et le parlementaire, le prisonnier français s'était glissé jusqu'aux avant-postes, où bientôt une curiosité contagieuse eut groupé autour de lui une foule de camarades. Le prisonnier parlait avec emphase des bons traitements qu'il avait éprouvés, il montrait avec affectation l'argent qu'il avait reçu, appuyait par-dessus tout sur la promesse que le Grand-Vizir lui avait faite de le renvoyer en France. Parmi ses auditeurs, les uns l'écoutaient à demi-convaincus ; les autres exprimaient leurs doutes. « Vous ne m'en croyez pas, leur dit-il alors, eh bien ! vous croirez peut-être le lieutenant. Tenez, voici la lettre qu'il écrit aux officiers de la 9e ». Cette lettre n'était pas cachetée ; elle courut bientôt de main en main ; elle finit même par causer une rumeur qui appela l'attention du commandant. À l'instant, il sentit la faute commise, et, pour la réparer, il renvoya le prisonnier dans la tente de l'officier parlementaire. À sa demande de restitution d'effets, il fut répondu qu'on s'en occuperait et qu'on les lui ferait tenir, s'il y avait lieu.

Tel est le récit du capitaine Bouchard que les parties intéressées ont contesté. Le Bromley anglais, général Tromelin aujourd'hui, violemment attaqué par cette version, et plus maltraité depuis dans les Mémoires du duc de Rovigo, a dû provoquer une espèce d'enquête contre des détails tronqués ou faux. Le prisonnier dont il est question s'est nommé. Ce n'est pas un caporal de sapeurs, mais un sergent de grenadiers de la 9e nommé Truptil, devenu capitaine plus tard el vivant encore. Dans une pièce explicative des faits, et dont la copie est sous nos yeux, il déclare avoir accompagné le lieutenant-colonel Bromley à el-Arich dans le seul but de réclamer ses effets et ceux de ses camarades ; il nie la circonstance de la lettre remise, de l'argent exhibé et des initiatives d'embauchage. Il entre dans des particularités qui donnent à ses dires un caractère de franchise difficile à repousser.

Quoi qu'il en soit, l'événement prouva, plus tard, que de mauvais germes existaient dans la garnison d'el-Arich. Etaient-ils le fait d'un mécontentement commun à toute l'armée, d'un mécontentement d'ancienne date et né du départ de Bonaparte ? Avaient-ils été semés par l'influence anglaise, et venaient-ils de se développer plus intenses encore par les instigations d'un caporal ou d'un sergent prisonnier ?

Les faits ont prouvé que la première de ces deux suppositions était plus admissible que la seconde. Par une faute inqualifiable, la garnison d'el-Arich se composait alors de la partie la plus indisciplinée d'une armée toute mécontente. La compagnie de grenadiers de la 13e demi-brigade, qui en faisait partie, venait récemment de recevoir dans ses cadres une portion de la 2e demi-brigade, licenciée pour le fait d'insubordination[76] ; et cette compagnie était devenue le pivot de la conspiration nouvelle. Ces soldats, déjà aigris, n'eurent pas de peine à insinuer à leurs camarades qu'on leur avait donné à défendre un poste indéfendable, dans la seule vue de les perdre et de les sacrifier. Le hasard voulut qu'au moment où

[76] Cette 2e brigade fut ensuite réorganisée (ROUSSEAU, p. 139).

cette idée fermentait dans les têtes, la nouvelle se répandit de l'évacuation de Katieh, circonstance qui laissait les Français d'el-Arich coupés de tout renfort, isolés, perdus au milieu des sables, livrés à la discrétion de hordes sauvages et sanguinaires. On conçoit alors que de telles impressions d'une part, et de l'autre la chance d'être admis à capituler, grâce à la médiation anglaise, aient amené dans la suite de ce siège un conflit déplorable pour l'honneur des corps et l'inviolabilité du drapeau.

Depuis la sommation du colonel Douglas, il était évident que le fort d'el-Arich allait être attaqué. Son commandant le prévit, et il pressa les travaux de défense. Les reconnaissances aux environs, devenues inutiles et dangereuses, furent supprimées ; on suspendit les travaux d'un bastion à demi-élevé, et l'on établit des blindages à l'intérieur avec des palmiers coupés dans la plaine. Dans ce moment décisif, la garnison n'avait qu'un effectif de quatre cent cinquante hommes. Elle se composait du 1er bataillon de la 13e demi-brigade d'infanterie, d'une compagnie de canonniers, de quatre compagnies de sapeurs et de mineurs. L'artillerie se composait de quatre pièces de 8, de quatre pièces de 4 et de deux obusiers de 6. Il y avait dans le fort trois mille boulets et trois cents mille cartouches d'infanterie. Une quarantaine de prisonniers turcs étaient renfermés clans cette enceinte, pêle-mêle avec la garnison.

Cependant l'armée ottomane s'ébranla vers la fin de frimaire, et, par une coïncidence étrange, presque le même jour où Desaix et Poussielgue, reçus à bord du *Tigre,* invoquaient l'armistice comme le préliminaire de toute négociation. Dans le même temps, le Grand-Vizir échangeait aussi avec Kléber des lettres amicales et pacifiques, et sir Sidney ne manquait aucune occasion d'insister sur la nécessité d'éviter une inutile effusion de sang. Quand une trêve semblait être ainsi dans les démarches et dans les intentions, la guerre fut commencée.

Il est possible qu'elle résultât d'un petit complot concerté entre le Commodore et le dignitaire turc ; mais on peut croire avec autant de raison que l'impatience des troupes ottomanes força la main à leurs généraux. Ce n'était pas là, en effet, une armée européenne, où la pensée du chef domine toutes les prétentions des corps et toutes les turbulences des individus. Ramas de peuples et de soldats divers, les bandes du Grand-Vizir marchandaient souvent son autorité et lui imposaient des conditions. Ainsi, l'avant-garde, composée de Mamlouks qui rêvaient de nouveau la souveraineté de l'Égypte, dévoraient déjà l'espace, et murmuraient des retards jetés à la traverse. Il en était de même des Bédouins accourus sur l'espoir du pillage, des Osmanlys, qui se partageaient d'avance les trésors des Français, des peuplades d'Asie et d'Europe que la Porte avait conviées à cette curée lointaine. Quand ces hordes de combattants se furent groupées à Ghazah, qu'elles eurent apprécié leur nombre et connu leurs ressources, il devint difficile de comprimer cette exaltation fiévreuse qui les poussait en avant ; de contenir par des paroles et par des menaces ces hommes habitués de tout temps à désobéir.

Que ce fût ou non la volonté de Youssouf, ils marchèrent, ils parurent devant el-Arich le 1er nivôse an VII (22 décembre 1799). Trente mille hommes environ composaient ce corps d'avant-garde, sous les ordres de Regeb-Pacha. Ce chef s'établit sur le torrent qui couvre le fort, occupa le bois de palmiers qui l'avoisine, s'étendit au pied des dunes, porta un corps de Mamlouks aux puits de Messoudiah, et poussa un gros de cavalerie jusqu'à la gorge du Désert. Ainsi le fort était investi d'une manière à peu près complète, et ses communications avec l'Égypte se trouvaient coupées. À la suite de ces dispositions, Regeb-Pacha envoya sommer la place, menaçant Cazals de ne faire aucun quartier à la garnison si elle résistait. Le commandant répondit par un refus énergique.

Alors le siège s'ouvrit. Du 1er au 2 nivôse (22 au 23) les Turcs, dirigés par des officiers anglais, ouvrirent la première parallèle qui couronna bientôt toutes les hauteurs à une distance moyenne de deux cent cinquante toises. Sa direction était déterminée par environ deux cents étendards de toutes les couleurs arborés sur le revers.

De leur côté, les assiégés veillèrent à la défense. Dès l'apparition de l'armée ottomane, le commandant avait fait combler les citernes environnantes, disposer les batteries, renforcer leurs parapets, blinder les portes des magasins. Une partie de la garnison et les sapeurs élevaient d'autres blindages pour servir de logement, construisaient dans le fossé du nord des banquettes pour la fusillade, retranchaient le puits placé sur le glacis du front de l'est. Les parapets étaient garnis de sacs à terre ; on élevait des échafaudages de charpente pour abriter les tirailleurs dans le cas où le parapet aurait été abattu ; enfin on établissait des communications entre les tours pendant que les mineurs construisaient des galeries, pour couvrir les faces où auraient pu s'établir les mineurs ennemis. Tous ces préparatifs ordonnés et exécutés devaient ouvrir des chances à une longue et utile défense.

Du 2 au 3 nivôse (23 au 24) les Osmanlys établirent leur seconde parallèle à trois cents mètres du fort avec deux batteries de trois pièces chacune. Le feu de ces ouvrages, qui commença ce jour même, salua l'arrivée du Grand-Vizir au camp du siège. Son quartier-général s'installa le soir sur un monticule de sable adossé à un bois de palmiers. Le colonel Douglas, le lieutenant-colonel Bromley et quelques autres officiers anglais, l'agent russe Franchini, et le mamlouk Othman-Bey accompagnaient le chef osmanly.

Jusqu'au 4 nivôse (26), nul incident grave ne traversa les opérations du siège. Quoique supérieure en nombre à celle du fort, l'artillerie ottomane n'avait donné jusqu'alors qu 'avec une infériorité marquée. Une pointe un peu hardie des janissaires vers les glacis avait été annulée avec bonheur par une sortie de la garnison ; et l'avantage était visiblement resté aux assiégés, quand des rumeurs sourdes, des velléités d'insurrection contagieuse, circulèrent parmi les défenseurs du fort. Un petit noyau de soldats mutins s'était grossi peu à peu de tous les lâches qu'effrayait la perspective d'une prise d'assaut. Pendant que la canonnade turque grondait le plus vivement, des bruits de toute nature avaient circulé sur le rempart. On se disait que la garnison d'el-Arich était sacrifiée au salut du reste de l'armée ; que, dans l'intérieur, le mouvement de retraite était en pleine exécution ; que Katieh venait d'être évacué ; que Salihieh le serait à son tour ; que les quatre cent cinquante défenseurs du fort étaient tous destinés à périr dans ces Thermopyles de l'Égypte. On se racontait, en les exagérant, les atrocités habituelles des Turcs, leur mépris pour tous les droits de la guerre ; on ne rêvait que sacs, que pillage, que têtes plantées au bout des piques des Osmanlys, ou entassées dans des sacs pour être offertes au Sultan de Constantinople. Dans les trois premiers jours du siège, tout se borna à des murmures et à de vagues menaces ; mais soit que la présence du danger eût donné plus d'audace aux mécontents, soit que des intelligences se fussent, à l'insu des chefs français, établies entre la garnison et le camp du siège, bientôt ces premiers symptômes firent place à des plans de révolte organisée, à une conjuration militaire trop puissante pour être vaincue. Le 4 nivôse (25) les chefs de ce complot portèrent le dernier coup aux crédules et aux peureux. « Voyez, allaient-ils disant, voyez les forces du Vizir. Ils sont là cinquante mille hommes, vous êtes quatre cents ; vous résisterez un jour, deux jours, une semaine, mais après ? On vous prendra à l'escalade, et ce sera fait de vous. Et à quoi bon ce sacrifice ? Comment profitera-t-il à l'armée ? Vous mourrez oubliés ici, sans gloire pour vous, sans utilité pour la France ? Il vaut mieux se rendre, il vaut mieux traiter ; résister est folie». Et peu à peu, à l'aide de pareils propos, ces misérables embaucheurs parvinrent à rallier à eux le quart de la garnison, et à ébranler la foi du reste. Un projet de lettre au commandant fut discuté, adopté par les rebelles et couvert de signatures de soldats et de sous-officiers de divers corps. On y lisait :

« Vous voudrez bien, citoyen commandant, remettre le fort que vous commandez à l'ennemi dans le délai de douze heures. Convaincus qu'il n'y a plus ni instruments, ni médicaments pour les blessés, nous vous invitons à finir cette affaire et vous aurez l'estime de vos camarades».

Prévenu de ce qui se passait, Cazals s'était borné d'abord à recommander aux chefs des différentes armes la surveillance la plus sévère. Les postes venaient d'être placés comme la veille, et rien ne semblait menacer la tranquillité du fort, lorsqu'à huit heures du soir un caporal de la 13e demi-brigade apporta au commandant la lettre que nous venons de reproduire. Cazals fit arrêter cet homme ; on l'interrogea scrupuleusement ; mais on n'obtint de lui aucune indication, ni sur le contenu de la missive, ni sur la personne qui la lui avait remise. Il parut même être étranger au complot ; son nom du moins ne se trouva pas parmi les signataires.

Le même soir, le commandant rassembla les officiers, fit un appel à leur loyauté et à leur courage, et leur lut ensuite l'insolente et indigne adresse des rebelles. Tant de lâcheté les révolta tous. Le 5 nivôse (26) au point du jour, la garnison entière fut rassemblée dans l'intérieur du fort ; et là, en présence du drapeau : « Quoi ! s'écria le commandant, les soldats d'el-Arich demandent à leur chef de se déshonorer et de les déshonorer tous avec lui ? Vous, des Français, vous vous rendriez sans combattre ? Vous vous livreriez à merci, vous l'avant-garde de l'armée égyptienne, sur qui le Général en chef a dû compter, qu'il va secourir, si vous tenez bon quelques jours. » À la suite de cette vive apostrophe Cazals énuméra les ressources du fort, les chances de résistance qui lui restaient ; il flétrit les agents du désordre, montra à quelles suggestions étrangères ils obéissaient. « On vous a dit que vous seriez reconduits en France, ajouta-t-il ; eh bien ! je vous le dis, la France rejetterait de son sein ceux de ses enfants qui l'auraient trahie et déshonorée. »

Ces paroles si fermes, cette attitude calme et conciliante, ces explications données avec dignité, restèrent sans influence sur la minorité factieuse. Les conseils furent accueillis par des murmures, les observations couvertes par des cris de sédition ; on alla jusqu'à méconnaître la voix du chef, on lui imposa silence. Parmi les mutins se distinguaient surtout les grenadiers de la 13e demi-brigade, et ce fut en vain que leur chef de bataillon et les autres officiers s'interposèrent pour les ramener à l'obéissance. De toutes parts s'élevaient des interpellations particulières ; ici, on cherchait à séduire les plus braves ; là, on menaçait les timides, et le plus scandaleux tumulte régnait depuis quelques instants, quand la voix de Cazals le domina de nouveau. « Vous refusez de revenir au devoir et à la raison ; vous voulez qu'il soit dit à la face du monde qu'à el-Arich les Français ont été des lâches. Eh bien, soit ! Vous êtes libres de vous déshonorer. Moi, je reste ici avec la poignée d'hommes fidèles qui me reste ; nous y mourrons pour la sainteté du drapeau. Vous, partez, si tel est votre désir ; allez mendier les outrages des Turcs : partez, les portes vont s'ouvrir. »

Les pont-levis s'abattirent en effet ; mais cette inspiration du chef avait provoqué une réaction. Mis au défi, les factieux reculèrent ; ils restèrent immobiles ; la partie bien intentionnée de la garnison donna alors l'élan : au tumulte et aux cris succédèrent l'ordre et le silence ; les diverses compagnies retournèrent à leur poste.

Mais la partie était seulement remise : Gazais le sentit, il provoqua une espèce de conseil de guerre, où il fut question d'arrêter et de punir les plus ardents instigateurs de la révolte : la majorité se prononça contre cette mesure énergique qui aurait, suivant elle, accéléré le résultat qu'elle voulait empêcher.

Pendant les 6 et 7 nivôse (27 et 28 décembre), les travaux d'attaque et de défense se poursuivirent avec un acharnement égal. L'artillerie du fort répondait au canon des tranchées avec une supériorité de tir évidente. Aussi, malgré l'appareil déployé par les Osmanlys, nul progrès bien réel n'avait suivi leurs opérations plus bruyantes que redoutables. Après six jours de tranchée ouverte, après huit mille coups de canon et trois mille bombes envoyés par eux, les remparts n'étaient pas entamés, et presque toutes les pièces étaient encore en bon état. Une canonnade bien dirigée, un grand feu de mousqueterie, de petites sorties faites à propos, quelques retranchements intérieurs, des lignes de contre-approche et des dehors défendus pied à pied, voilà quels étaient les moyens mis en œuvre par Cazals, moyens qui avaient neutralisé les tentatives ennemies. On occupait toujours la lunette, le fossé du nord et le glacis ; on avait l'espoir de soutenir le siège tant que dureraient les munitions de guerre, et on les ménageait de manière à ce qu'elles fussent suffisantes pour résister une quinzaine de jours.

La journée du 8 nivôse (29 décembre) trompa tous ces calculs et toutes ces précautions. Les Turcs semblèrent s'ébranler, ce jour-là, pour une attaque générale. Sortant en foule de leurs tranchées, ils vinrent s'établir à quinze toises du bastion à demi achevé, pendant qu'ils attaquaient le poste du puits et menaçaient les autres points de la circonvallation. Tous les avant-postes français s'étaient repliés, les assaillants poussèrent leurs avantages jusqu'au pied même des remparts, s'y couvrirent de tout ce qu'ils trouvaient sous la main, et parvinrent à s'y maintenir malgré la fusillade qui partait des tours et des parapets voisins.

Cette attaque inopinée jeta dans la garnison un désordre difficile à décrire : au lieu de défendre les ouvrages avancés, elle recula, les rendit presque sans coup férir. Servis par cette terreur panique, les Turcs gagnèrent du terrain : un grand nombre s'étaient jetés dans les retranchements voisins du puits ; d'autres occupaient les glacis de l'est : d'autres les postes situés autour du bastion, et ce mouvement avait mis hors de combat vingt hommes, au nombre desquels était le lieutenant du génie Piquet, officier plein d'honneur et de bravoure.

À ce moment commença dans l'intérieur du fort la scène la plus tumultueuse et la plus révoltante. Saisis de peur, les soldats s'écriaient que les Turcs avaient attaché la mine, et que les murailles allaient sauter ; ils accusaient l'obstination du commandant, et déclaraient qu'il n'y avait de salut à espérer que dans une capitulation immédiate. Cazals essaya de calmer ces frayeurs. Il fit jeter quelques obus sur les points menacés, et ordonna de déplacer toutes les poudres, tous les projectiles qui pourraient aggraver l'explosion. Un moment, il crut que ces mesures avaient encore une fois annulé la révolte, et, pour tenir les esprits en haleine, il crut devoir hasarder une sortie. Les grenadiers de la 13e demi-brigade furent commandés, et Ferey, leur capitaine, se mit à leur tête. Ce brave officier ouvrit la barrière, commanda la marche, et partit. Mais arrivé à l'entrée du retranchement, il se retourna et ne vit que trois hommes derrière lui : les autres n'avaient pas bougé de place. Il revint à la charge, insista auprès d'eux, les pria, les adjura, au nom de la patrie ; mais ce fut inutilement. Le commandant qui survint renouvela de semblables efforts ; il s'élança en tête de la colonne, chercha à rendre l'élan à cette troupe inerte : tout échoua. Les grenadiers répondirent qu'ils ne voulaient plus se battre.

À leur exemple, les autres compagnies mollirent, désespérèrent de la résistance, et méconnurent les ordres des chefs. En proie à une rébellion complète, la forteresse ressemblait plutôt à un vaste club qu'à un champ de bataille. On y discutait au lieu de faire feu ; on y faisait un appel à l'ennemi, au lieu de le repousser par la force. Au milieu de cette anarchie militaire, le commandant et ses officiers allaient courant sur le rempart, donnant partout l'ordre de continuer le feu ; prenant eux-mêmes les mousquets que les soldats jetaient à terre, ramassant les mèches que les canonniers avaient laissées et mettant le feu aux pièces désertées par leurs servants.

Malgré cette lutte courageuse des chefs contre les soldats, la sédition ne fit que continuer et grandir. Les grenadiers de la 13e, qui en étaient toujours la tète et les bras, en vinrent même jusqu'à monter sur le parapet de la lunette : là, dressant leurs fusils la crosse en l'air, ils apostrophaient les assiégeants, et leur criaient qu'ils étaient prêts à se rendre. À cet appel, quelques Turcs sortirent en effet de leurs retranchements, et marchèrent vers les murailles, aux acclamations des grenadiers qui se répétaient comme un mot d'ordre : « Ne tirez pas, ne tirez pas ; ce sont des parlementaires». Quelques-uns d'entre eux poussèrent même l'audace jusqu'à violer le drapeau ; ils l 'abattirent et le jetèrent dans la lunette : rapporté par un grenadier et arboré de nouveau, ce palladium national fut encore menacé par ces lâches ; l'un d'eux essaya d'y substituer un drapeau blanc ; mais, indignés de ce sacrilège, quelques nobles cœurs trouvèrent une énergie surnaturelle ; le capitaine Guillermin chargea les rebelles à coup de sabre ; le sergent Codicé s'adossa au bâton du drapeau avec son fusil en joue et prêt à faire feu contre le premier qui l'attaquerait. Ces deux braves tinrent ainsi contre tous les efforts de ces furieux.

À ce moment, le commandant Cazals, dans l'espoir de gagner du temps et de ramener ensuite les rebelles, se décida à dépêcher un parlementaire au Grand-Vizir ; il chargea le lieutenant du génie Bouchard de cette mission périlleuse. Placé en face de la mort, Bouchard n'hésita pas, il descendit dans la lunette, sauta du parapet sur l'épaule d'un Turc, et de cette épaule dans le fossé, se vit en un instant cerné, porté par cette foule hideuse, et dévalisé de telle sorte que ses habits ne furent plus que des lambeaux : les épaulettes et les boutons étaient arrachés ; les poches étaient coupées. Grâce à la protection de

Moustafa-Pacha qu'il trouva sur son chemin, l'officier français, menacé à chaque minute, parvint toutefois sain et sauf à la tente du Grand-Vizir. Quand il fut en sûreté, les événements avaient marché si vite, que son rôle de parlementaire était fini. Le fort appartenait aux Turcs.

En effet, malgré tous les ordres de Cazals, le feu des remparts avait entièrement cessé, et les Turcs occupaient le pied des ouvrages : tour à tour la trahison ou la lâcheté leur livrèrent le bastion et la lunette, et l'oubli de tout devoir et de toute prudence fut poussé si loin que des grenadiers jetèrent des cordes aux assaillants pour les hisser dans la tour et sur le rempart. Bientôt à côté du pavillon tricolore qui flottait encore se déployèrent une foule de petits drapeaux osmanlys. À cette vue les quarante prisonniers turcs que recélait le fort et qui s'étaient tenus jusque-là assez tranquilles, s'élancèrent sur les Français, commencèrent le massacre intérieur et firent une brêche d'ouverture pour leurs camarades. De leur côté, les assaillants, parvenus à l'aide de cordes en haut des murailles, tuaient à coups de sabres ceux qui venaient de les aider dans cette ascension. Ainsi de toutes parts commençait cette scène de carnage que les rebelles avaient voulu éviter, ce sac du fort rendu plus douloureux et plus horrible encore par ce qui l'avait précédé.

Gazais vit que tout était perdu et qu'il fallait se résigner à une mort glorieuse : treize drapeaux ennemis figuraient sur les créneaux ; le nombre des Turcs introduits dans le fort dépassait alors celui des Français. A chaque minute, il entrait de nouveaux assaillants par le mur, par la poterne, par les matériaux amassés près des bastions, par la communication que les prisonniers avaient ouverte. On ne se battait plus dans le fort ; on égorgeait ; quelques hommes à peine retrouvaient en face d'une fin inévitable des moments d'héroïque énergie. Un caporal d'artillerie, l'un des rebelles, luait huit Osmanlys de sa main, rachetait ainsi sa faute, et tombait expirant. Toute la plate-forme intérieure du rempart était jonchée de cadavres et baignée de sang.

Ce fut alors que le commandant rallia autour de lui quelques officiers et un petit nombre de soldats fidèles ; il se retira avec eux sous la voûte de la porte, s'y établit, s'y barricada décidé à attendre l'ennemi. Quelques minutes s'étaient écoulées quand le colonel Douglas, hissé comme les autres à l'aide d'une corde, se présenta devant les débris de la malheureuse garnison. Cet officier supplia Cazals de se rendre pour mettre fin à ce massacre, d'ouvrir les portes et de se confier à la loyauté des chefs assaillants. Le commandant refusa et protesta qu'il périrait sous les ruines du fort, si on ne lui accordait pas une capitulation.

Pendant que ces pourparlers avaient lieu à l'intérieur, au-dehors le général de l'armée turque, Regeb-Pacha, et l'agha des janissaires poursuivaient leurs avantages. Les palissades et les barrières étaient brisées, ils se trouvèrent bientôt devant la poterne, séparés de Cazals et de ses derniers soldats par une simple porte en bois. On allait l'enfoncer à coups de haches, quand Douglas s'entremit pour déterminer une capitulation. Il la dressa de concert avec le commandant français, la signa avec lui ; puis, la faisant passer au travers d'une large fente de la porte, il la fit parvenir aux pachas, la leur expliqua, et obtint d'eux qu'ils y apposassent leur sceau. Voici les termes de cette pièce :

ART. 1ER — La garnison du fort sortira avec les honneurs de la guerre et emportera ses bagages. Les officiers conserveront leurs armes et leurs effets.

ART. 2. — Les malades et les blessés seront recommandés à la générosité de l'armée ottomane. »

L'original de cette capitulation resta entre les mains de Cazals.

Confiant dans l'exécution de ces clauses, trop pressé d'ailleurs par l'événement pour exiger d'autres garanties, le commandant français fit déblayer les barricades et ouvrir les portes du fort. À peine ce dernier obstacle eut-il été levé, que des flots d'assaillants tourbillonèrent dans l'étroit passage et débordèrent dans toute la citadelle. Qu'importait à cette foule sauvage, qui hurlait des menaces de mort, qu'une capitulation eût été discutée et signée ? Savait-elle seulement alors si elle avait des chefs, si elle était dans la dépendance d'une volonté supérieure ? Une ivresse de fanatisme, une soif de sang la dominaient : elle voulait tuer et piller ; faire un butin présentable de toutes ces têtes d'ennemis, à chacune desquelles une prime était affectée. Ainsi tout fut vain, ordres, prières, menaces ; la place capitulée fut traitée comme une ville prise d'assaut. Les Turcs en un instant furent partout : à l'hôpital, où ils égorgeaient dans leurs lits les malades et les blessés ; dans les forges, où ils décapitaient leurs victimes sur les enclumes ; dans les batteries, où ils les mutilaient à coups de pelles et de pioches et les taillaient en morceaux sur la culasse des canons ; enfin au haut des remparts, d'où ils envoyaient des patients aux Osmanlys retardataires qui noircissaient les glacis.

Au milieu de cette scène affreuse, l'agha des janissaires et Regeb-Pacha, il faut le dire à leur louange, cherchèrent bien à faire entendre une voix de clémence et de modération ; mais leurs paroles furent impuissantes. On vint égorger des Français jusque sous leurs yeux, et Cazals lui-même aurait été sacrifié par ces forcenés, s'il ne se fût accroché fortement à la robe de l'agha. Alors on reconnut que le seul moyen de sauver la poignée de Français qui restait debout, c'était de les tirer de ce théâtre de carnage. Soldats et officiers se serrèrent donc autour des dignitaires turcs, et cherchèrent à gagner l'enceinte extérieure. Ils parvinrent ainsi vers la limite de la lunette, d'où ils s'élancèrent sur les traces de l'agha qui venait de franchir le fossé. Dans ce mouvement, ils rencontrèrent encore les Turcs acharnés à leur poursuite, et plusieurs d'entre eux, près de franchir la muraille, furent arrêtés, saisis par les égorgeurs, décapités ou mutilés ensuite. Ce fut là que périt le capitaine d'artillerie Nicolas. Cazals lui-même, tombé au pouvoir de quelques Turcs, ne dut alors la vie qu'à l'intervention de l'émigré Bromley. À quelque distance, une nouvelle attaque de ces furieux augmenta le nombre des victimes, et le chef de bataillon Grand-Pair, officier loyal et brave, tomba au milieu d'une foule de cadavres. Les Turcs, l'ayant entouré, lui scièrent la tête. Cette recrudescence de barbarie avait pour cause l'explosion du magasin à poudres qui engloutit sous ses décombres une quantité innombrable d'Osmanlys. Comme tout ce qui se trouvait là périt dans la catastrophe, il serait difficile de préciser quels en furent les auteurs. On croit néanmoins que les mineurs français, acculés dans leur dernier poste, et certains d'y périr, voulurent venger tant d'assassinats par une large hécatombe d'ennemis.

Enfin, après la marche la plus périlleuse à travers le camp ottoman, le commandant Cazals et cent soixante de nos soldats arrivèrent exténués, dépouillés, à demi-nus, devant la tente du Grand-Vizir. Deux cent trente-cinq cadavres français étaient restés dans la citadelle.

Pour en finir avec cet horrible épisode, il faut dire qu'à la suite d'une longue et douloureuse captivité, fatigués par des privations de tous les genres, menacés de périr à chaque instant, un jour en butte aux spéculations d'un docteur italien, *factotum* du Pacha ; le lendemain, courant le risque de mourir de faim, parce que personne ne songeait à eux, nos prisonniers furent évacués sur Ghazah où ils devaient s'embarquer.

Toutefois, avant ce départ, le Grand-Vizir voulut avoir une entrevue avec le commandant français ; il le fit mander devant lui. Quand Cazals arriva, Youssouf était dans une somptueuse tente, accroupi sur un divan de soie, et fumant sa longue pipe au milieu de jeunes officiers osmanlys qui se tenaient debout. Le dignitaire ottoman, quoique borgne, avait la figure ouverte et franche ; d'une simple place de percepteur dans la ville d'Erzeroum, il était parvenu au vizirat, et possédait alors toute la confiance du Sultan. À peine Cazals fut-il en sa présence, que le vieillard lui fit une mercuriale. « Pourquoi avez-vous osé vous défendre ? » lui dit-il. Le commandant parla d'honneur ; mais ce mot n'arrêta pas Youssouf ; il poursuivit : « Pourquoi les Français ont-ils apporté la guerre à un peuple tranquille ? L'alliance de la France et de la Sublime-Porte n'aurait jamais dû être troublée. Heureusement que Bonaparte, et Kléber après lui, ont demandé pardon au magnanime Sultan. Tout s'arrangera. Ainsi vous n'êtes plus des ennemis, ajouta-t-il s'adressant aux officiers qui avaient accompagné Cazals, vous êtes des voyageurs. J'ai pitié de vous ; j'ai fait publier dans mon camp que ceux des soldats qui auraient des habillements français allassent les porter près de vos tentes... Vous pourrez les acheter... Mon defterdâr vous donnera de l'argent. »

En effet, on distribua dix sequins à chacun des officiers, et trente au commandant. Puis le Vizir, voyant que ce dernier avait la tête nue (on lui avait volé son chapeau) : « Vous ne pouvez pas aller ainsi, dit-il, je vais vous coiffer en Osmanly. » Il fit apporter un châle de cachemire bleu et une pelisse, présida lui-même à la toilette de Cazals, et rit beaucoup de le voir ainsi accoutré. À la suite de cette entrevue, le commandant eut la visite du docteur italien, chargé par le Vizir d'une mission délicate. Sous le prétexte de faire signer la capitulation par le Grand-Vizir lui-même, il tira de ses mains cette pièce qui ne lui fut pas restituée depuis.

Le 20 pluviôse an VIII (9 février 1800), les malheureux prisonniers furent embarqués à Jaffa pour être transportés à Damiette. Dans cette longue et pénible traversée, ils furent en butte encore à toutes les angoisses de la soif et de la faim. Battus par la tempête, ils n'arrivèrent que le 26 (15) devant Damiette où ils reçurent quelques secours du brick français le *Lodi,* qui attérait sur le Boghâz, venant de Toulon.

Le 12 ventôse (3 mars), Cazals était au Caire : son premier soin fut d'envoyer à Kléber son rapport sur la prise d'el-Arich, et comme il n'ignorait pas que des bruits calomnieux avaient couru sur son compte, il sollicita sa mise en jugement devant un conseil de guerre. Cette satisfaction lui fut accordée. À la suite d'une longue et minutieuse enquête, un jugement fut rendu le 15 prairial suivant (4 juin) : les principaux instigateurs de la révolte y étaient condamnés à mort ; mais justice entière était rendue à la fermeté et à la persévérance du commandant Cazals, comme aussi à l'héroïque dévouement des officiers et des soldats qui avaient lutté de toutes leurs forces contre une indigne trahison».

Récits des contemporains

« 2 décembre 1799. — Nous apprîmes qu'un détachement de 21 hommes du 1er bataillon de la 9e demi-brigade, stationné à el-Arich avait été pris dans une découverte à a lieues de ce fort, par des mamelouks ; que 3 furent tués, 5 blessés et 13 prisonniers et envoyés au grand vizir à Gaza, ainsi que les têtes des morts.

6 décembre. — Le citoyen Langlois, chef de bataillon de la 9e à el-Arich, fut sommé de se rendre. Il refusa.

15 décembre. — Le 1er bataillon de la 9e stationné au fort d'el-Arich fut relevé par le 1er bataillon de la 13e et le 1er bataillon vint en garnison au Caire.

9 janvier 1800. — Depuis près de quinze jours on était sans nouvelles d'el-Arich. Le général envoya 50 dromadaires dont je faisais partie pour avoir des nouvelles.

11 janvier. — Nous, détachement de dromadaires, nous arrivons le soir à une demi-lieue d'el-Arich. Nous rencontrons des Turcs sur des monticules de sable et nous apprenons, par eux, la catastrophe de la garnison. Une partie du détachement commandé par trois officiers retourna à Salihieh pour porter la nouvelle du désastre au général Kléber... L'armée, qui était instruite du carnage d'el-Arich, criait vengeance.

25 février. — Ce jour entre au Caire le 1er bataillon de la 13e, fait prisonnier à el-Arich et venant d'être échangé. Le bataillon était de 200 hommes»[77].

---

[77] Journal du capitaine François, p. 379-386.

« Nous apprîmes que l'armée turque, s'étant approchée d'el-Arich, avait trompé la confiance de la garnison française, et rompu l'armistice. Le 8 nivôse, les soldats turcs, au bruit de la suspension d'armes, crièrent *sauva, saura,* c'est-à-dire, *paix, paix.* Les Français de bonne foi leur ouvrirent les portes du fort, et lorsque les Musulmans furent entrés en assez grand nombre, ils nous exterminèrent.

La sentinelle de la poudrière se fit sur-le-champ une résolution. Ce soldat immortel, voyant le massacre s'approcher de sa personne, met le feu à la poudrière, et le fort en masse fait la culbute. Deux mille Musulmans et quatre cents Français furent ensevelis sous les décombres. L'armée ennemie s'épouvanta si fort, qu'elle se replia sur Gaza en entraînant quelques prisonniers Français.

Le grand vizir parut outré d'indignation contre les traîtres d'el-Arich ; il protesta n'avoir pris aucune part à cette scélératesse, qu'il attribua à l'insubordination des soldats Turcs[78] ».

« D'après ce qui était convenu, aucunes hostilités ne devaient avoir lieu pendant les négociations ; cependant, par des manœuvres perfides, le vizir s'empara d'el-Arich, où nous avions une garnison d'environ cent hommes d'infanterie et quelques canonniers. On a dit, d'un côté, que cette garnison s'était livrée aux Turcs malgré la fermeté du commandant Gazais ; d'un autre que les Turcs avaient pris le fort de force. Cette dernière version est la vraie, mais la force ne put être exercée que par suite des moyens que je viens de qualifier, et pour cela les Turcs ne furent pas seuls à agir.

Un événement aussi inattendu excita dans l'armée la plus vive indignation. Des plaintes sévères furent faites par le général Kléber qui menaça de rompre les négociations, mais qui pourtant se calma bientôt[79] ».

Le commissaire des guerres Jacques Miot ne sait pas grand-chose : « Les Turcs, dit-il, s'approchaient d'el-Arich ; ils en firent le siège, et s'en emparèrent en nivôse au moment où la garnison était occupée à parlementer. On m'a assuré que les

---

[78] Lattil, p. 112-113.

[79] Richardot, Nouveaux mémoires sur l'armée française en Egypte et en Syrie, p. 233-234.

Anglais ne purent empêcher les Turcs d'exercer la coutume affreuse qu'ils conservent de couper la tête à leurs ennemis[80] ».

« Pendant quel'on discutait les conditions de la paix, le grand vizir, conseillé par un officier anglais du nom de Douglas, fit attaquer le fort d'el-Arich en dépit du droit des gens.

« Les Anglais avaient des intelligences dans la place. Quatre-vingts soldats se révoltèrent et, pendant qu'ils engageaient une lutte avec leurs officiers, ouvrirent les portes aux Turcs. Mal leur en prit du reste, car ce fut par eux que les musulmans commencèrent le massacre.

« Le colonel (*sic*) Cazal réfugié dans une tour demanda à capituler pour sauver les braves soldats qui ne l'avaient point abandonné ; mais, devant le mauvais vouloir de Douglas et des officiers turcs, il organisa une défense désespérée. Sur le point de succomber, quelques grenadiers mirent le feu aux poudres et ensevelirent avec eux les Turcs et les traîtres[81] ».

« Les Turcs avaient mis le siège devant le fort d'el-Arich, où commandait le chef de brigade *(sic)* Casai, officier intrépide et expérimenté. Malgré l'armistice le siège continua. Les efforts des assiégeants s'y seraient brisés, si le brave Casai eût été secondé par sa garnison. Mais effrayée de la multitude des assaillants et se croyant abandonnée, elle refusa de combattre. Cette lâcheté fut justement punie ; en dépit de la capitulation, les Turcs, à peine entrés dans le fort, la passèrent presque tout entière au fil de l'épée ; il n'en échappa que cent cinquante, grâce aux efforts des officiers anglais[82] ».

« Les Turcs, campés devant le fort d'el-Arich, ignorant ou feignant d'ignorer qu'une trêve avait été conclue, sommèrent ce fort de se rendre. Il était commandé par un bon officier, le colonel du génie Gazais. Il refusa toute capitulation, et le siège commença.

Mais l'on avait parlé à la garnison de la trêve, de l'évacuation prochaine de l'Égypte ; on en concluait l'inutilité de la défense. Il se forma dans la garnison deux partis : les braves,

---

[80] MIOT, p. 283.

[81] VILLIERS DU TERRAGE, Journal et souvenirs sur l'expédition d'Égypte, p. 240 ; cité dans le chasseur Millet, p. 268.

[82] Souvenirs militaires du baron Desvernois, p. 54.

qui voulaient, avec le commandant, défendre le poste, et les mécontents, qui demandaient la capitulation. Ceux-ci eurent l'infamie d'ouvrir une poterne aux Turcs. Une fois dans la place, les Turcs se mirent à couper la tête à tous les Français, sans distinction. Les traîtres rentrèrent dans le devoir et reprirent les armes ; tous se réunirent contre les Turcs et en tuèrent un grand nombre, mais il était trop tard, et, quand il jugea la situation désespérée, un brave homme, garde d'artillerie, nommé Triaire, s'enferma dans le magasin à poudre et y mit le feu. Le fort sauta avec tous ceux qu'il contenait, Français ou Turcs. Cet acte de désespoir eut lieu vers le 30 décembre ; mais nous ne l'apprîmes que plus tard[83] ».

« En nivôse, vers le 30 décembre, à l'attaque du fort d'el-Arich par les Turcs, quelques mécontents, furieux de ce que leur chef, le vaillant colonel Cazals, refusait toute capitulation, se laissèrent à introduire l'ennemi dans la place, en lui ouvrant une poterne, disent les uns, en lui jetant des cordes selon quelques autres. Ils en furent bien punis[84] ».

« Notre garnison d'el-Arich, serrée de toutes parts, et éloignée de secours, fut bientôt forcée de se rendre. Elle proposa une capitulation que l'ennemi accepta, mais qu'il viola immédiatement. La plus grande partie de nos soldats fut égorgée ; on ne respecta pas même l'officier de santé, le citoyen Barbier, chirurgien de 2e classe, à qui ces barbares tranchèrent la tête au moment où il pansait un blessé[85] ».

« Pendant le trajet que nous fîmes au Caire, l'ennemi fit un mouvement et vint faire le siège d'el-Arich, et le prit en peu de jours. Ces barbares, ayant mis le siège devant le fort, qui est situé dans le désert, et ayant coupé toute communication que la garnison eût pu avoir avec l'armée, se disposèrent à monter à l'assaut. Mais la garnison avait demandé à capituler, n'étant pas en force pour résister à un ennemi aussi nombreux que l'étaient les Turcs devant ce fort ; car ils étaient au moins quarante mille hommes, et la garnison n'était forte que de trois cents hommes ;

---

[83] Mémoires militaires du colonel Vigo Roussillon, Revue des deux Mondes, 1891, p. 786.
[84] Vaxelaire, Mémoires d'un vétéran de l'ancienne armée, p. 172.
[85] Larrey, Relation, p. 170.

et d'ailleurs le fort, qui venait d'être fait, ne pouvait résister aux boulets, les murs n'étant pas encore secs ; la garnison, dis-je, ayant donc demandé à capituler, les conditions furent réglées que le lendemain le fort serait livré à l'ennemi et que la garnison en sortirait et se rendrait prisonniers de guerre. Mais, horreur ; le peu de fiance que doit avoir une nation civilisée à traiter avec une nation barbare ! Le jour que la garnison devait sortir, les portes furent ouvertes, et les Turcs, entrant en masse, commencèrent à couper les têtes des malheureux soldats qui étaient dans le fort, et prirent le commandant de la place auquel ils firent faire le tour du fort un drapeau en sa main, et lui coupèrent la tête sur une pièce de canon.

La sentinelle qui était au magasin à poudre, voyant le massacre que faisaient les Turcs de ses camarades, et attendant le pareil sort, lâcha son coup de fusil dans une barrique de poudre qui était ouverte, ce qui fit sauter le magasin, qui était sous le bastion, sur lequel il y avait plus de trois mille Turcs qui furent ensevelis sous les ruines de ce bastion. Et beaucoup d'autres, qui se trouvèrent autour de ce bastion, subirent le même sort. Ainsi périt ce brave soldat, en vengeant sa mort et celle de tous ses malheureux camarades.

Les Turcs, épouvantés de cette explosion, prirent la fuite et tuèrent tous les Français qui tombèrent entre leurs mains, à l'exception de cent vingt hommes qui, avant, s'étaient sauvés au quartier du Grand-Vizir, auxquels il donna grâce à la prière d'un commissaire anglais qui, heureusement pour eux, se trouva sur les lieux[86] ».

« Le 22 décembre, le fort d'el-Arich, défendu par 500 hommes, est investi ; le 29, la trahison de quelques défenseurs permet aux Turcs de s'en emparer ; la garnison est massacrée[87] ».

Voici la version de Nicolas el-Turki : « Des troupes musulmanes vinrent sur le territoire d'el-Arich et dressèrent leurs tentes près de la forteresse où se trouvaient trois cents Français commandés par le général Cazal. Quelques soldats turcs, s'étant

[86] Le chasseur Millet, p. 154-156.

[87] Bourdeau, Campagnes modernes, p. 351.

approchés des murailles, parlèrent avec les soldats français et leur annoncèrent la paix qui venait d'être conclue entre eux ; les Français, descendant alors de la forteresse, se mêlèrent avec les musulmans, l'amitié s'établit en même temps entre le général Cazal et Moustapha Pacha Arnaout ; ce dernier fut invité à venir dans la forteresse où un superbe repas lui avait été préparé. Le pacha s'y rendit avec peu de monde ; mais il avait ordonné à ses troupes d'assaillir la porte lorsqu'il y serait entré, de s'emparer de la forteresse, et de faire main basse sur tous ceux qui s'y trouvaient. Autour de cette forteresse régnait un fossé, et devant la porte était un pont de bois, que les Français élevaient et abaissaient avec des cordes ; lorsque le Pacha fut entré, ses troupes se précipitèrent sur la porte en poussant des cris affreux ; les Français, ne pouvant plus relever le pont, les Turcs entrèrent dans la forteresse et sabrèrent tous ceux qu'ils rencontrèrent. Un des assiégés à la vue d'une pareille perfidie, alla en toute hâte vers le magasin de poudre, y mit le feu, et, la poudre s'enflammant, tout ce qui se trouvait renfermé dans la forteresse sauta en l'air. Ce fut un moment terrible : une foule de Turcs et de soldats français furent brûlés, et la muraille de la forteresse s'écroula du côté de la porte. Moustapha Pacha périt dans les flammes ; il ne resta qu'une centaine de Français dont s'emparèrent les Turcs qui étaient accourus en foule[88] ».

M. Morier, le secrétaire de Lord Elgin, ambassadeur britannique à Constantinople, note dans son *Journal,* à la date du 16 février 1800 (il se trouvait alors à Salihieh à la suite de l'armée ottomane) :

« Nous fûmes mandés, M. Frankini et moi, par le grand vizir pour lui rendre une visite. Il se vanta pendant longtemps de la prise d'el-Arich comme du plus beau coup du monde. Il ajouta que l'empereur de Russie serait sans doute charmé d'apprendre cet événement[89] ».

(à suivre.)

G. Wiet.

---

[88] NICOLAS EL-TURKI, trad., p. 161-163. — Djarbati (VI, p. 160) ne procure aucun renseignement.
[89] Pièces diverses, p. 414-415.

Opinion des historiens plus récents

« Bonaparte avait fait mettre le fort d'el-Arich sur un excellent pied de défense. Outre un immense approvisionnement de vivres et de munitions, le fort, au moment où l'avant-garde ennemie vint l'assiéger, renfermait une garnison française de cinq cents hommes, et avait pour commandant un officier des plus intrépides, le chef de bataillon du génie Gazais.

Le jour même de l'arrivée des Turcs sous les murs de la place, le colonel anglais Douglas, qui les conduisait, envoya sommer Gazais de se rendre, et ce fut un émigré français qui porta la sommation. Des pourparlers s'établirent, et il fut dit à nos soldats que l'évacuation de l'Égypte était imminente, que déjà il l'annonçait comme résolue, que bientôt elle serait inévitable, et qu'il y aurait folie à vouloir se défendre. Les coupables sentiments qui n'avaient été que trop encouragés dans les rangs de l'armée française par ses chefs firent explosion. Les défenseurs d'el-Arich, en proie comme tous leurs camarades au désir de revoir la France, murmurèrent qu'ils ne voulaient pas combattre et qu il fallait bien plutôt capituler. Cazals, indigne, les convoqua tous, leur tint le plus noble langage, leur déclara que s'il y avait des lâches parmi eux ils pouvaient se séparer de la garnison et se rendre au camp des Turcs, qu'il leur en laissait la liberté ; mais que pour lui il se défendrait jusqu'à la mort avec ceux qui resteraient fidèles au devoir. Ces paroles semblèrent rappeler les soldats à des idées d'honneur. La sommation fut donc repoussée, et Douglas fit commencer l'attaque. Douglas était un officier de mérite ; mais, d'une part, l'indiscipline des milices qu'il commandait, le manque d'outils et de canons, de l'autre, lui laissaient peu d'espoir de réussir. Le huitième jour le siège n'avait fait aucun progrès ; et la garnison ne comptait encore que deux morts, que douze ou quinze blessés. Malheureusement l'esprit d'insurrection qui était en elle éclata. Des traîtres appelèrent l'ennemi du haut des remparts, et des soldats français — honte éternelle à leur mémoire ! — jetèrent des cordes et des échelles qui servirent à l'escalade. Du reste, leur crime ne fut pas impuni. À peine entrés dans le fort, les Turcs fondirent le sabre au poing sur ceux qui venaient de les y introduire, et les égorgèrent impitoyablement. Ramenés à eux-mêmes par un tel spectacle, les autres révoltés eurent beau se réunir à la garnison, beau se défendre alors avec désespoir, ils succombèrent presque tous, et leurs têtes, coupées immédiatement, furent promenées en triomphe dans toute la Syrie. Cazals et une vingtaine de ses plus braves soldats étaient parvenus à se retirer dans une des maisons de l'intérieur du fort : ils s'y défendirent jusqu'au soir, et enfin obtinrent une honorable capitulation.

Ainsi tomba el-Arich, et tel fut le premier effet du fâcheux état des esprits dans l'armée française, le premier fruit que les chefs recueillirent de leurs fautes. La prise du fort et cette boucherie de quatre à cinq cents Français excitèrent au plus haut point l'ardeur guerrière et la confiance présomptueuse du grand vizir. C'était, à l'entendre, le plus beau fait d'armes du siècle.

L'événement avait eu lieu le 30 décembre 1799, et par conséquent Youssouf n'avait pu recevoir la dépêche que Sidney Smith lui avait adressée le 29 pour réclamer une suspension d'armes. Lorsque le commodore arriva, le 2 janvier 1800, au camp du grand vizir, et qu'il apprit le massacre barbare de presque toute la garnison d'el-Arich, il en fut lui-même révolté ; du moins il feignit de l'être, car il craignait la rupture des négociations pendantes, et il se hâta d'écrire à Kléber, tant en son nom qu'au nom de Youssouf, une lettre d'explications et pour ainsi dire d'excuses. Il y joignait l'assurance formelle qu'aucun nouvel acte d'hostilité n'aurait lieu tant que dureraient encore les négociations, qui d'ailleurs étaient en chemin d'arriver à une prompte et heureuse issue.

Kléber à la nouvelle du massacre d'el-Arich fut saisi de douleur et d'indignation, mais ne le manifesta point aussi hautement qu'il l'aurait dû. Il sentit que s'animer trop à ce sujet menait droit à la rupture des négociations, et n'osa[90] ».

« Il paraît certain que le bruit habilement répandu et exploité du prochain retour de l'armée en France exerça une influence fatale sur la majorité de la garnison d'el-Arich, qu'elle défendit mal les approches, et que cette opération peu loyale fut déshonorée par les cruautés des Turcs qui avaient envahi le fort. Sidney Smith et le grand visir parurent désolés de ces atrocités, mais ne rendirent pas le fort»[91].

« Le Vizir avait dirigé des forces considérables sur el-Arich pour faire le siège de ce fort, qui était déjà réduit à la dernière extrémité lors de la signature de l'armistice.

On a vu quels retards éprouva la nouvelle de la suspension d'armes avant de parvenir à l'armée ennemie ; le siège continuait donc avec vigueur. Il est cependant probable que le courage et l'expérience du chef de bataillon Cazals commandant à el-Arich auraient fait échouer tous les efforts des assaillants, sans l'étonnante conduite d'une partie de la garnison, qui murmurait hautement de l'abandon prétendu où on la laissait. Le 30 décembre, le commandant avait ordonné une sortie pour détruire les ouvrages avancés de l'ennemi. Au moment d'exécuter cet ordre, les troupes refusèrent d'obéir. Gazais se vit alors obligé de consentir à une capitulation ; mais, tandis qu'avec des officiers anglais et turcs, il en débattait les articles, des misérables, indignes du nom de soldats, abattaient le drapeau tricolore, et d'autres, à l'aide de cordes, aidaient les Turcs à franchir les remparts. Cette perfidie fut à l'instant même punie par une perfidie non moins horrible. Les soldats ennemis, entrés dans le fort, tournèrent leurs armes contre ceux-là même qui le leur avaient livré, et en firent une horrible boucherie ; cent cinquante hommes seulement échappèrent à ce massacre, grâce aux efforts des officiers anglais qui négociaient avec le

[90] Ryme, p. 172-173.
[91] Ernouf, p. 235.

chef de brigade Cazals ; mais on comprend que dès lors il ne fut plus question de capitulation[92] ».

« On convint tout d'abord d'un armistice ; mais l'état de la mer. qui forçait le Tigre à courir des bordées d'Alexandrie aux côtes de Syrie, empêcha de faire connaître cet armistice au grand vizir, et les Turcs s'étant approchés du fort d'el-Arich, dans le désert, l'enlevèrent par trahison, et massacrèrent les Français qui le gardaient[93] ».

« Le grand vizir Youssef pacha qui prétendait n'avoir pas été informé de l'armistice convenu entre Smith et les négociateurs, poussa son avant-garde jusqu'au fort qui défendait l'entrée orientale de l'Égypte. Les Français, malgré les encouragements du commandant Cazal, refusèrent de résister ; enivrés d'eau-de-vie, ils se révoltèrent, renversèrent le drapeau tricolore et lancèrent des cordes aux Turcs pour leur faciliter l'escalade. Mais les musulmans en égorgèrent une partie ; des Anglais furent témoins de cette boucherie. Le commandant Cazal fut épargné avec cent cinquante hommes ; délivré, il passa devant un conseil de guerre qui l'acquitta[94] ».

« El-Arich était depuis février 1799 le poste le plus avancé de l'armée française à l'est de l'Égypte. Le fort avait la forme d'un carré, flanqué de tours aux quatre angles ; la hauteur de la muraille était de neuf mètres. Le 15 vendémiaire an VIII, Kléber en avait confié la défense au chef de bataillon Cazals.

« Ces troupes avaient besoin d'être électrisées. Le grand vizir avait progressé et au début de décembre 1799 avait établi son quartier général à Gaza. Le 8 décembre 1799 un colonel anglais détaché à l'armée turque, John Douglas, somma le commandant Cazals de capituler. « Je n'ai pas » besoin de vous dire combien il me sera difficile de préserver « la vie des braves soldats que vous commandez au cas que » vous résisteriez et que nous soyons obligés de vous atta-« quer ». Cette lettre fut apportée à el-Arich par l'émigré français Tromelin, dit Bromley, le même qui était intervenu auprès de Mustapha pacha en faveur des prisonniers lors de la capitulation du fort

[92] Lacroix, p. 458.
[93] Desprez, p. 87-88.
[94] ROUSSEAU, p. xxix.

d'Aboukir. Cazals répondit le lendemain : « Les lois de l'honneur et du devoir m'empêchent « d'accepter vos propostions».

« Ces pourparlers excitèrent l'esprit d'insubordination qui régnait dans une partie de la garnison. L'armée turque, commandée par Regeb pacha, parut le 2 nivôse an VIII (2 3 décembre 1799) devant le fort d'el-Arich et l'investit. Alors la mutinerie éclata. Une sommation signée de quatre-vingts soldats et sous-officiers fut remise le 4 nivôse à Cazals : « Vous voudrez bien, citoyen commandant, livrer le fort que vous commandez à l'ennemi dans un délai de douze heures». Après en avoir donné connaissance aux officiers, Cazals réunit le 5 nivôse à la pointe du jour toute la garnison. Il interpella les rebelles, fit appel à leur sentiment de l'honneur et leur énuméra les ressources dont le fort disposait pour résister jusqu'à l'arrivée des secours. Mais l'indiscipline avait déjà atteint un tel point que des cris couvrirent sa voix. Il dit alors aux lâches qui ne voulaient pas se battre qu'ils pouvaient sortir du fort et se rendre à l'ennemi, et il lit abaisser le pont-levis. Intimidés, les mutins cependant demeurèrent immobiles et jusqu'au 9 nivôse le calme régna. Mais les Turcs ayant poussé leurs tranchées jusqu'au pied des murailles, la révolte, un moment apaisée, se déchaîna ; la plus grande partie des hommes, enivrés d'eau-de-vie, refusèrent de continuer à tirer. Des drapeaux blancs apparurent sur le rempart, des cordes furent lancées par les rebelles, les Turcs surgirent sur le parapet et coupèrent la tète de ceux qui leur avaient jeté les cordes. Cazals, les officiers et les soldats fidèles occupaient un dernier réduit, la voûte sous la porte. Le colonel Douglas supplia Cazals de se rendre, il refusa. Alors Douglas rédigea et signa un acte de capitulation : Le gouverneur du fort sortira avec les honneurs de la guerre. Les pachas turcs y apposèrent leur sceau, Cazals le signa et conserva l'original. Mais alors les soldats turcs, en une ruée sauvage se précipitèrent dans le fort pour massacrer et toucher la prime promise pour chaque tête coupée. Il ne fut plus question de capitulation réglée, ce fut une prise d'assaut et un sac ; les têtes étaient coupées, les corps mutilés. Cazals n'eut la vie sauve qu'en s'accrochant à la robe d'un aga. Au milieu du désordre, un conducteur d'artillerie nommé Triaire fit sauter le magasin à poudre ; Français et Turcs furent ensevelis sous les ruines du fort. En entendant l'explosion, des Turcs qui conduisaient des prisonniers, parmi lesquels se trouvait le commandant Grand-Pair, les massacrèrent. D'une garnison d'environ six cents hommes, il ne survécut que quatorze officiers et deux cent seize soldats, qui, conduits d'abord au camp du grand vizir, débarquèrent à Damiette le 1 5 février 1800. Arrivé au Caire, Gazais demanda à passer en conseil de guerre. Le 1 5 prairial an VIII (4 juin 1800), un jugement fut rendu, qui condamnait à mort les instigateurs de la trahison d'el-Arich et rendait justice au courage et à la fermeté du commandant Cazals et de ses officiers[95] ».

Conclusion

Il est patent que la chute du fort d'el-Arich fut due à l'insubordination de la garnison, tout au moins pour les tout derniers événements. Le mauvais esprit des hommes, si douloureux qu'il ait été si déplorables qu'aient été les conséquences, doit être, sinon excusé, du moins longuement expliqué.

L'armée qui avait débarqué en Égypte n'avait pas été favorisée. Il faut faire un effort pour comprendre une situation générale qui, de nos jours, serait exceptionnelle. Nous savons qu'en avril 1798, par exemple, la solde des hommes de troupe et des officiers, dans certains régiments, était payée avec un retard de quatre à sept mois : le soldat vivait de pillage et de mendicité[96]. Dans sa proclamation aux contingents de l'armée d'Égypte, à Toulon, en date du 9 mai 1798, Bonaparte ne disait-il pas : « Vous étiez dans la plus grande misère, manquant de tout, ayant sacrifié jusqu'à vos montres pour votre subsistance réciproque». Mais alors, n'était-ce pas une terrible imprudence d'ajouter : « Je promets à chaque soldat qu'au retour de cette

---

[95] DEHÉRAIN, p. 468-471.

[96] De la Jonquière, I, p. 339-340.

expédition il aura à sa disposition de quoi acheter six arpents dé terre[97] ».

Ce problème d'un règlement équitable de la solde continue à peser lourdement sur l'armée d'Égypte[98].

Que dans une pareille armée il y ait eu de mauvaises têtes, c'est assez naturel, aussi bien dans la troupe que parmi les officiers. On prend d'ailleurs certaines précautions dès l'embarquement à Toulon[99].

Le désenchantement de l'armée en Égypte fut brutal et fit l'objet de conversations, sans quoi l'on ne s'expliquerait guère l'arrêté suivant pris à Alexandrie même : « Aucun Français, ni aucun individu de la suite de l'armée ne pourra obtenir passage soit sur les bâtiments de la République, soit sur les bâtiments de transport, que d'après une autorisation de l'état-major général»[100].

Dès la marche sur le Caire, l'armée eut à souffrir de la faim et surtout de la soif : il y eut des murmures, des actes d'indiscipline, des suicides[101] : « l'armée d'Alexandrie, écrit Berthier, dans une pareille extrémité, poussa des cris séditieux contre le vainqueur du monde»[102].

La vue des Pyramides, espérance de la terre promise, écrit Belliard, donne du courage aux âmes faibles, « dont le nombre pourrait être moins grand». Ce général ajoute ces lignes significatives : « La troupe est, en général, mécontente, et il est des brigades entières qui l'ont témoigné hautement.

« Le général en chef, en ayant été instruit, harangue avec force et personne ne dit le mot. En passant auprès de l'une d'elles, des soldats lui demandèrent : *Eh bien, Général, nous mènerez-vous aux Indes ?* Il leur répondit : *Ce n'est pas avec de pareils soldats que j'entreprendrais le voyage.* Quand on sort des délices de Capoue, on a peine à supporter les privations, encore moins à les soutenir. C'est ce qui arrive à l'armée qui

[97] De la Jonquière, I, p. 461-462.
[98] Journal de Kléber, extrait de la Revue d'Egypte, 1895, p. 40.
[99] De la Jonquière, II, p. 10.
[100] De la Jonquière, II, p. 99.
[101] De la Jonquière, II, p. 132 ; Skalkowski, p. 34-35.
[102] Mémoires de Berthier, p. 12 ; Vaxelaire, p. 80.

vient d'Italie. Je conviens que la troupe fatigue beaucoup, qu'elle endure quelquefois la soif et est privée de pain ; mais combien de fois a-t-on été plus mal sans se plaindre ? Je crois qu'il en serait encore de même si les officiers, moins insouciants, tenaient mieux leur troupe, et s'ils encourageaient le soldat, au lieu de le dégoûter par leur exemple[103] ».

En voici au moins une preuve, cette lettre d'un capitaine à sa famille, en date du 9 thermidor an VI (18 juillet 1798). « Si nous avons bientôt le bonheur de rentrer en France, je ferai mon possible pour obtenir ma démission à quel prix que ce soit. Je ne puis plus me souffrir dans ce maudit métier. Toujours se battre, à perdre la vie à tous les instants de la journée. Au reste, je crois en avoir assez fait ; que chacun fasse un peu. Je ne suis plus avide de gloire ; je l'ai été parce qu'il le fallait, maintenant je veux vivre tranquille auprès de vous. Voilà où se borne mon ambition. L'on me fait entrevoir un avancement prochain, mais je n'en veux point. J'ai fait la guerre en Europe, mais je ne veux plus la faire en Afrique dans un climat aussi chaud[104] ». Le capitaine Rozis écrit quelques jours plus tard : « Si l'armée avait connu ce pays avant de partir de France nul de nous n'aurait embarqué, et aurait préféré un million de fois la mort que de nous voir réduits à la misère où nous sommes»[105].

« Le dégoût dans l'armée est général, écrit un autre. Toutes les administrations sont désorganisées. Il existe entre nous tous un égoïsme qui fait que nous ne pouvons pas vivre ensemble[106] ». Le désenchantement est universel, témoin cet autre document, une lettre du 29 thermidor : « Je saisis avec empressement l'occasion que me procure un de nos chefs d'escadron *qui se retire par démission,* pour te faire parvenir cette lettre. La majeure partie de l'armée est attaquée par la dysenterie, et quoique victorieuse, finira par y périr misérablement, si notre gouvernement persiste dans ses projets ambitieux. Beaucoup d'officiers donnent leur démission ; et je

---

[103] De la JONQUIÈRE, II, p. 166-167.

[104] Correspondance intime de l'armée d'Egypte, p. 74-75. — Voir aussi la lettre de l'adjoint Lécuée : Correspondance intime, p. 105.

[105] Correspondance intime, p. 130-1431. — Voir : Skalkowski, p. xxx.

[106] Correspondance intime, p. 140.

t'avoue que je la donnerais également si j'avais espoir de trouver quelqu'emploi en France[107] ».

Des troubles se produisaient, enregistrés dans les rapports officiels : « Le manque de pain occasionna quelque désordre dans la troupe. Dans un village voisin du camp, les soldats, avec le prétexte du pain, commirent quelques rixes que les officiers généraux réprimèrent sévèrement. De là, des plaintes et un mécontentement général, qui se manifesta dans les deux marches successives[108] ». Le général Menou écrivait le 3 fructidor (20 août 1798) : « Le détachement du 14e dragons est le plus indiscipliné, et son commandant, le capitaine Courmont est un de ceux qui avaient fait une insurrection en Italie[109] ». Le même Menou est très inquiet, puisqu'il déclare trois jours plus tard : « Il y a des murmures, mais je les apaise par des promesses[110] ». Kléber usait de la manière forte : « La 69e demi-brigade est sortie de la léthargie : un homme fusillé, huit aux galères et quelques autres exemples moins rigoureux l'ont ramené à l'ordre[111] ».

Cet état d'esprit qui se manifestait à tous les échelons de la hiérarchie ne simplifiait pas les rapports entre tous les rouages de l'administration, et l'on ferait un copieux recueil des correspondances aigres-douces échangées entre les différents chefs de services[112]. Et Malus de noter dans son *Agenda* qu'une « épidémie morale faisait de grands progrès dans l'armée[113] ».

La troupe n'avait qu'à obéir, mais les généraux mécontents et les fonctionnaires s'en tiraient en se faisant rapatrier pour raison de santé. Cette manière de faire indigne le général Murât qui écrit à Bonaparte de Rosette le 15 novembre : « Je vois avec la plus grande douleur arriver ici un grand nombre de démissionnaires ; j'en vois moi-même qui se portent à

---

[107] Correspondance intime, p. 111, 115.
[108] De la Jonquière, II, p. 379.
[109] De la Jonquière, II, p. 517, n. 1.
[110] De la Jonquière, II, p. 517.
[111] De la Jonquière, II, p. 513-514.
[112] De la JONQUIÈRE, III, p. 28-29, 112, 117, 119.
[113] Malus, p. 92-98 ; De la Jonquière, III, p. 27. — Voir une lettre de Geoffroy Saint-Hilaire, datée du 4 octobre (De la Jonquière, III, p. 27 ; Geoffroy Saint-Hilaire, p. 93).

merveille. Quelle recommandation peuvent-ils donc avoir auprès de vous pour obtenir des démissions ? Votre mépris sans doute et le peu de cas que vous faites de tous ces lâches[114] ».

C'était exact, mais l'effet moral devait être désastreux. Que Bonaparte acceptât la démission de l'adjudant-général Beauvais avec des considérations injurieuses, l'intéressé n'en rentrait pas moins en France[115]. Berthier lui-même ne sollicita-t-il pas l'autorisation de quitter l'Égypte[116]. Bonaparte ne cachait pas son opinion à ce sujet, témoin cette note destinée à être mise à l'ordre de l'armée :

8 décembre 1798.

« Vous voudrez bien, Citoyen Général, faire connaître au médecin et au chirurgien en chef que je suis mécontent de la facilité avec laquelle ils donnent des certificats pour retourner en Europe à des individus que la lâcheté, l'inconstance et le peu d'amour de leur devoir portent à quitter l'armée avant que la campagne soit finie.

Spécifiez-leur bien qu'ils ne doivent donner des certificats qu'à des individus qui ne pourraient guérir qu'en Europe ; ce qui, dans un pays aussi sain que l'Égypte, doit être borné à un très-petit nombre de maladies.

Ce n'est pas, Citoyen Général, que mon intention soit de garder à l'armée des hommes qui ne seraient pas sensibles à l'honneur d'être nos compagnons d'armes ; qu'ils partent, je faciliterai leur départ ; mais je ne veux pas qu'ils masquent par des maladies feintes, le motif réel de ne pas partager nos fatigues et nos périls ; nous risquerions qu'ils partageassent notre gloire[117] ».

La mise en route pour la France du lieutenant Fourès, pour éloigner un mari gênant, pèse d'ailleurs sur la mémoire du général en chef[118].

(à *suivre.)*

G. Wiet.

---

[114] De la Jonquière, III, p. 436.

[115] Thibaudeau, I, p. 311.

[116] Doguereau, Journal de l'expédition d'Egypte, p. 101.

[117] Correspondance, V, p. 191 ; Histoire scientifique, IV, p. 105-106 ; Mangerel, Le capitaine Gerbaud, p. 273.

[118] Correspondance, V, p. 216.

Conclusion de Gaston Wiet

Il y avait donc un faisceau de circonstances qui influaient défavorablement sur le moral de la troupe. Pour qu'un débat parlementaire ait eu lieu aux Cinq-Cents le 29 août 1799 sur l'accusation « d'avoir déporté 40.000 Français dans les déserts de l'Arabie», il avait bien fallu qu'on en eût parlé auparavant. Celte façon de juger l'expédition d'Égypte avait dû causer certainement quelque effervescence. Ecoutons Galland : « L'esprit d'insubordination et de révolte s'est propagé jusques dans la capitale, et ne tend à rien moins qu'à *demander un terme, à tant de travaux.* Le général en chef a su, comme on avait tout lieu de l'espérer, arrêter par des mesures fermes, mais prudentes, les suites funestes d'une désorganisation ; mais il est certain que jamais le soldat n'a paru aussi indiscipliné, et c'est surtout le civil qui en souffre ; les uns, sous la dénomination ironique de savans, parce qu'on croit qu'ils sont en partie cause de l'expédition ; les autres sous le titre ridicule de *gobe-légumes,* titre qui prend sa source, à la vérité, dans les dilapidations de plusieurs agens, principalement dans les vivres viandes[119] ».

Sans doute l'armée doit être disciplinée, mais il faut au moins y mettre le prix, c'est-à-dire la payer et la nourrir convenablement, et ce n'était pas le cas.

C'est Murât qui écrit à Bonaparte le 4 décembre 1798 : « La 69e brigade est sans le sou. Je vous prie, mon Général, si cela ne dérange pas vos projets, d'ordonner au payeur de cette province

[119] GALLAND, I, p. 208-209.

de solder au moins une décade aux soldats et un mois aux officiers[120] ». On lit dans le *Journal* de Peyrusse à la date du 14 février 1799 : « Des militaires tombaient de soif, de faim, de fatigue ; plusieurs se sont brûlé la cervelle[121] ». De son côté, Belliard signale que « le pain se fabrique avec beaucoup de peine, souvent la distribution manque». Il attend l'argent et les souliers, car il a beaucoup d'hommes nu-pieds[122]. Que l'on parcoure les documents officiels ou les journaux privés, ces plaintes reviennent constamment : « Les soldats ne regardent les administrateurs qu'avec indignation. Je suis obligé de mettre souvent en prison des hommes qui travaillent jour et nuit, n'ont que du pain et de l'eau, et qui ne sont pas payés depuis un temps infini[123]. Le soldat meurt de faim. Quand la troupe sera nourrie, je réponds qu'ils feront de bon cœur toute espèce de service[124]. Le soldat n'est pas payé et ne travaillera pas sans argent[125]. Le payeur n'a pas un sol en caisse, le crédit est nul, les employés sans intelligence, les dilapidations excessives[126] ».

Certaines mesures disciplinaires étaient très dures, et je ne citerai que l'exemple le plus grave, la condamnation à mort, sans jugement, de militaires inculpés d'assassinat, contre lesquels aucune preuve n'avait été fournie[127].

Ajoutons que les malades étaient assez mal soignés. C'est au point que Talleyrand fait isoler dans la région de Toulon deux cents blessés provenant de l'armée d'Égypte, de crainte que « ces hommes, aigris par le malheur de leur position, se répandent dans l'intérieur de la République, ne donnent de la situation de notre armée des idées fausses et qui feraient

---

[120] De la Jonquière, III, p. 439.

[121] De la JONQUIÈRE, IV, p. 180, note.

[122] De la JONQUIÈRE, III, p. 543, note.

[123] De la JONQUIÈRE, IV, p. 35. — Le général Marmont rend compte qu'il a dû casser des sous-officiers qui refusaient de faire l'exercice (Ibid., p. 32).

[124] De la Jonquière, IV, p. 40.

[125] De la JONQUIÈRE, IV, p. 48.

[126] De la JONQUIÈRE, IV, p. 680.—Voir aussi : FRANÇOIS, p. 326.

[127] De la Jonquière, IV, p. 18. — Plus tard, Bonaparte fut obligé de prescrire une enquête sur l'arbitraire de certaines détentions (De la Jonquière, V, p. 227-228).

concevoir des allarmes jusqu'à présent sans fondement»[128]. Bonaparte s'en était rendu compte le premier et un ordre du jour, daté du 8 janvier 1 799, est pénible pour la mémoire du service de Santé[129].

D'ailleurs le général en chef voyait le mal et s'évertuait d'en atténuer les effets. N'avait-il pas dit en mars 1799 : « Il faut user de ménagements et ne pas montrer surtout trop de sévérité envers les soldats souffrants de notre armée ; car rappelez-vous bien qu'un Français vaut dix Turcs, mais qu'un brave en vaut vingt[130] ».

La campagne de Syrie qui se préparait et qui devait être terrifiante pour les hommes n'allait pas atténuer ce mauvais moral.

« Les murmures augmentaient et les plaintes de soldats devenaient bruyantes ; elles étaient parvenues jusqu'au général en chef, qui répondit à Berthier que l'on avait vu en semblables circonstances des troupes manger leurs havresacs et leurs banderolles de giberne. Cet argument eut peu de succès[131] ». — « Nous ressentions les horreurs de la disette d'eau, écrit Bonnefous[132], et la peste commençait à faire sentir ses ravages parmi nous[133]. Guerre, peste et disette, les trois fléaux les plus à craindre habitaient au milieu de nous ; la consternation était générale. » Vaxelaire laisse entendre que les murmures étaient causés par la famine[134].

Évidemment, tout ceci se traduisait parfois par une conduite déplorable au feu. « La lâcheté des grenadiers de la 69e n'a pas d'exemples», précise Gerbaud[135]. Une note plus humaine se dégage des *Mémoires* de Richardot : « Soit détermination

---

[128] GUITRY, p. 198-199.
[129] Correspondance, V, p. 239. — Certains hôpitaux étaient restés malsains (ROUSSEAU, p. 26).
[130] Guitry, p. 164.
[131] Vigo-Roussillon, p. 603.
[132] Bonnefous, p. 30.
[133] La peste provoque des suicides (De la JONQUIÈRE, IV, p. 284 ; Wiet, Deux mémoires inédits sur l'expédition d'Égypte, p. 180).
[134] Vaxelaire, p. 141.
[135] Le capitaine Gerbaud, p. 378. — Voir aussi p. 371-373 ; et Histoire scientifique, V, p. 470.

spontanée, soit complot prémédité, la troupe ne bouge pas, refuse de marcher au commandement qui en est fait, et l'on entend les imprécations les plus violentes contre le général en chef sortir de tous les groupes. Un officier court aussitôt rendre compte de cet état de choses à son général qui déjà était en marche : — Laissez ces hommes tranquilles, dit le général ; laissez-les se plaindre et maudire à leur aise ; c'est le seul moyen qu'ils aient de se soulager ; il faut au moins le leur laisser ; n'ayons pas même l'air de savoir qu'ils se mutinent, ils viendront bien certainement, vous allez voir ; marchons toujours[136] ».

Bonaparte avait flétri dans un ordre du jour ces mutineries[137] et il y revient plus tard par sa proclamation au sujet des *motionneurs*[138].

Le retour en France du général en chef allait exacerber le mécontentement. Une idée vint aux soldats, c'est qu'on les abandonnait. En effet, plusieurs officiers généraux et supérieurs essayèrent de s'embarquer et les hommes de troupe allèrent jusqu'à la mutinerie pour empêcher ce qu'ils considéraient comme une fuite[139]. « Les soldats étaient fatigués de leurs campagnes en Syrie et dans la Haute Egypte, leurs vêtements tombaient en lambeaux et, malheureusement, le langage de leurs officiers ne relevait pas leur moral. Le général Dugua, commandant le Caire, désirait partir. Junot réclamait à grands cris son embarquement. Lasalle demandait au général Dugua de l'emmener avec lui en France, se déclarant apte à tous les emplois, même à celui de marmiton, métier qu'il avait appris durant ses campagnes[140] ». On pourrait croire à une certaine exagération. Mais il faut méditer cette réflexion du général

---

[136] RICHARDOT, p. 178.
[137] Correspondance, V, p. 332.
[138] De la JONQUIÈRE, IV, p. 612.
[139] Histoire scientifique, VII, p. 13.
[140] Rousseau, p. vii-viii, 171, n. 1 ; Miot, p. 280 ; Skalkowski, p. un. L'impression du départ de Bonaparte subsista jusqu'à la fin, témoin cet extrait d'une lettre de Kléber, en date du 24 décembre 1799 : « Les bâtiments, chargés d'hommes bien portants et de catins, ont dû effectivement provoquer quelque rumeur, mais la plupart de ces gens-là, faisant partie de la cour de Bonaparte, doivent le suivre. » (Rousseau, p. 157.)

Merlin apprenant qu'il part en France avec Bonaparte : « Il faut avoir été éloigné pendant dix-huit mois de sa patrie, en proie tout le temps aux dangers dans un pays barbare, pour se faire une idée de la joie que nous causa cette annonce[141]. »

Il était, en outre, très grave qu'un homme comme le général Dugua ait pu écrire : « Le général Bonaparte nous a abandonnés sans argent, sans poudre, sans boulets, une partie des soldats sans armes[142]. » Et, pour en finir avec la solde des troupes, rien n'est plus éloquent que l'arrêté suivant de Kléber, en date du 27 fructidor an VII (13 septembre 1799), soit au moment même où commence la tragédie d'el-Arich : « La solde des mois de ventôse, germinal, floréal et prairial, thermidor et fructidor, encore due à l'armée, sera acquittée immédiatement après l'entier paiement des mois de thermidor et fructidor de l'an VI, en commençant toujours par le mois le plus ancien[143]. » Et, en regard, cette pénible information : « La 2e demi-brigade demanda impérieusement le paiement de l'arriéré de sa solde. Les soldats se révoltèrent et menacèrent le digne général Verdier d'en venir aux dernières extrémités s'il refusait de satisfaire à leur demande. Kléber licencia la demi-brigade, les principaux auteurs du soulèvement furent condamnés à mort et fusillés[144]. »

Une partie d'entre eux, on l'a vu, fut incorporée à la 13e demi-brigade, qui formait la garnison d'el-Arich.

Ce fait ne manquait pas de gravité, mais un autre détail revêt une certaine importance par sa répercussion possible sur le moral de la troupe. Le 26 septembre, un bataillon de la 22e demi-brigade arrive à el-Arich. Il est remplacé le 21 novembre par un bataillon de la 9e. La relève de ce dernier est précipitée, puisqu'elle se produit moins de vingt jours plus tard. Le

---

141 Thurman, Bonaparte en Égypte, p. 292.

142 Rousseau, p. 5, note.

143 ROUSSEAU, p. 30. « Les Anglais, écrit le lieutenant Laval, avaient eu assez de moyens pour exciter un mécontentement dans notre armée. Cela leur était aussi facile qu'il y avait huit mois que nous étions pas payés et que chacun avait lieu de se plaindre. » (WIET, Deux mémoires inédits, p. 194).

144 Agenda de Malus, p. 162, note. — Les mutineries continuent (VAXELAIRE, p. 170-171 ; ROUSSEAU, p. 130, 139, 156, 162).

bataillon de la 13e demi-brigade s'installe au fort le 9 décembre et cette date doit retenir notre attention. C'est, en effet, ce jour-là que l'émigré Bromley se présente pour apporter la sommation du colonel Douglas. On imagine que cette démarche dut faire les frais de toutes les conversations et énerver au plus haut point des hommes avides de rentrer en France et prévenus très probablement des négociations entamées entre le général Kléber et le grand Vizir.

La 13e demi-brigade, formée à Cherbourg le 21 novembre 1796, prit part à la campagne d'Italie et s'embarqua à Gênes en vue de l'expédition d'Égypte[145]. Elle participa au siège d'Alexandrie dans la division Menou[146]. Lors de la bataille des Pyramides, elle faisait partie de la même division, commandée par Vial, qui remplaçait Menou, blessé[147]. Le troisième bataillon marcha sur Damiette en juillet 1798[148], tandis que les deux autres, incorporés à la division Lannes, prenaient part au combat de Salihieh[149]. Un petit contingent, que le général Vial avait laissé à Mansourah, fut presque entièrement exterminé par les Arabes et les habitants de la région le 10 août[150]. Le 3e bataillon continua à résider à Damiette, tandis que les deux autres tenaient garnison au Vieux-Caire : on les voit figurer à la fête du 1er vendémiaire an VII[151]. Le 28 septembre, le 3e bataillon attaque et prend un village dans les environs de Damiette[152]. Les états signalent un détachement de la 13e demi-brigade à Rosette durant le mois d'octobre[153]. Le 2e bataillon marche sur Kalioub en novembre[154]. La demi-brigade fit partie

---

[145] De la Jonquière, I, p. 46-47, 197-198, 204, 303, 313, 317, 355, 422, 510 ; II, p. 15 ; Hollander, Les drapeaux des demi-brigades d'infanterie, p. 69 ; Adolphe Horoy, Historique des volontaires de l'Oise, Paris, 1863.

[146] De la Jonquière, II, p. 45, 51.

[147] De la JONQUIÈRE, II, p. 193.

[148] De la Jonquière, II, p. 303, 305 ; Le capitaine Gerbaud, p. 231.

[149] De la JONQUIÈRE, II, p. 368, 373.

[150] De la JONQUIÈRE, II, p. 468 ; THURMAN, p. 267 ; Correspondance, IV, p. 388 ; GUITRY, p. 144 ; Le capitaine Gerbaud, p. 287 ; De BESANCENET, Le général Dommartin, p. 419.

[151] De la JONQUIÈRE, II, p. 569, 618 ; LACROIX, p. 171.

[152] LACROIX, p. 180.

[153] De la Jonquière, II, p. 701.

[154] De la Jonquière, III, p. 461.

de l'expédition de Syrie dans la division Lannes[155] et joua un rôle dans les sièges de Jaffa et de Saint-Jean d'Acre[156]. Il est difficile ensuite d'établir des précisions, mais il semble que les trois bataillons aient été dispersés, tenant garnison respectivement à Terraneh, Belbeis, et Katieh[157] : en août 1799, on songeait à les rassembler[158]. Pour ne pas laisser la 13e demi-brigade avec le pénible épisode d'el-Arich, ajoutons que plus tard, lors du siège du Caire, « une poignée de braves de la 13e se battirent en héros»[159].

La notice du capitaine Rouchard, ainsi que le rapport du capitaine Feray, sont très durs pour cette 13e demi-brigade : l'attitude des hommes, au dernier moment, fut décisive pour la chute du fort. Les détails donnés auparavant par le capitaine Rouchard sur le rôle joué le jour de la sommation du colonel Douglas n'ont donc pas été cités par cet officier pour expliquer la conduite de la garnison. Nous n'aurions pas à les contester ni à considérer qu'ils ont été fournis uniquement pour le plaisir de déshonorer l'émigré Bromley, instigateur de certaines démarches douteuses, le lieutenant Landry, qui aurait écrit une lettre fâcheuse, et le sergent de grenadiers Truptil, qui aurait essayé de débaucher ses camarades.

L'*Histoire scientifique* s'inscrit en faux contre ces allégations, sans insister toutefois sur le rôle du lieutenant Landry, se bornant à prendre la défense du sergent Truptil, devenu capitaine et surtout de l'émigré Bromley. Le nommé Truptil accompagnait Bromley dans sa visite au fort, ce qui n'est pas nié : le but de cet ouvrage consiste donc surtout à innocenter Bromley et nous en allons voir la raison.

Quelques détails biographiques, empruntés à une note de Rousseau, présenteront le personnage. « Ce Bromley n'était autre qu'un émigré français, Jacques-Jean-Marie-François

---

[155] De la Jonquière, IV, p. 129, 172, 175 ; Richardot, p. 107 ; Histoire scientifique, IV, p. 462 ; Mémoires de Berthier, p. 40.

[156] De la Jonquière, IV, p. 667 ; Le capitaine Gerbaud, p. 321, 377 ; Histoire scientifique, V, p. 301, 378, 380 ; Keller, p. 239 ; Lacroix, p. 275.

[157] De la Jonquière, IV, p. 695, 620 ; V, p. 309, 314, 318, 338, 362, 403, 455.

[158] De la Jonquière, V, p. 542, 580.

[159] Dubouloz-Dupas et Folliet, Le général Dupas, p. 53.

Boudin, écuyer, puis comte de Tromelin. Fait prisonnier avec Sidney Smith, le 18 avril 1796, dans les eaux du Havre, il fut emprisonné avec lui à l'Abbaye, puis au Temple, sous le nom de John Bromley, et comme son domestique. Il reçut un passeport en juillet 1797, retourna en Angleterre, revint en France en 1798 et organisa l'étonnante évasion du Temple de Sidney Smith, de concert avec Phélippeaux (24 avril 1798). Sidney Smith l'emmena en Orient, où nous le retrouvons à bord du *Tigre.* Rayé de la liste des émigrés en 1802, il accepta ou plutôt fut contraint de prendre du service en France (1804). À Waterloo, il commandait une brigade. Sous la Restauration, il fut fait général de division et grand officier de la Légion d'honneur. Mort le 3 mars 1842 »[160].

On a l'habitude de citer l'*Histoire scientifique et militaire de l'expédition française en Égypte* sous le nom de celui qui en dirigea la publication, Louis Reybaud, et l'on ne va pas plus loin. Mais il convient de poursuivre l'enquête et si l'ouvrage prend la défense du général Tromelin *alias* Bromley, c'est parce qu'il est un des collaborateurs de cet estimable recueil. La cause paraît donc entendue.

Il nous reste à étudier les faits diplomatiques, autrement dit, à voir si la responsabilité de l'attaque du fort d'el-Arich incombe aux Turcs, à une faute du général Kléber, ou encore si la fatalité n'a pas joué.

En premier lieu, quelle qu'ait été l'attitude personnelle de Kléber, il importe de déclarer que l'initiative des négociations avec l'empire ottoman ne lui appartient pas. On ne saurait oublier qu'avant son départ d'Égypte, par une lettre au grand Vizir, Bonaparte avait le 17 août ouvert la porte à des pourparlers : « J'ai l'honneur d'écrire à Votre Excellence, était-il dit dans ce message, pour lui faire connaître la véritable situation de l'Égypte et entamer des négociations entre la Sublime Porte et la République française qui puissent mettre fin à la guerre qui se trouve exister pour le malheur de l'un et de

[160] ROUSSEAU, p. xxiii-xxiv. — « Lors du débarquement des Turcs à Aboukir, le colonel Bromley intervint, se trouvant dans le camp ottoman, pour sauver la vie à des compatriotes menacés par les hordes turques, malgré une capitulation. » (Histoire scientifique, VI, p. 181.)

l'autre États. » L'Angleterre ne permit pas à la Porte de répondre directement et c'est sir Sidney Smith qui écrivit à Kléber le 26 octobre suivant[161].

Toutefois dans sa proclamation à l'armée, datée du 31 août, Kléber s'était exprimé en des termes qui avaient pu influer sur le moral des troupes : « Soldats, un puissant secours va vous arriver ; ou bien une paix glorieuse, une paix digne de vous et de vos travaux, va vous ramener dans votre patrie. »[162]

Vis-à-vis de la Turquie, le général Kléber n'est pas habile. Au lieu d'attendre une réponse à la demande de Bonaparte, il écrit lui-même au grand Vizir le 1 7 septembre pour lui rappeler cette première lettre du général en chef, dont il lui envoie copie, et il insiste maladroitement : « Vous serez obligés de garder des ménagements, parce que vous avez introduit au milieu de vous et comme alliés vos plus cruels ennemis et qu'avec raison vous devez craindre qu'ils n'éclatent aussitôt qu'ils en auront une occasion qu'ils attendent avec impatience. Mais c'est un motif de plus pour hâter les négociations et ne pas épuiser, en efforts vains et impolitiques contre nous, des armes, des hommes et des richesses que réclament des dangers plus réels. En un mot, et en laissant de côté toutes considérations étrangères, la guerre entre nous ne peut avoir aucun but. Vous pourrez recevoir plusieurs duplicata de cette lettre. Son importance est telle que je ne saurais trop multiplier les moyens pour m'assurer qu'elle vous parviendra. Si elle vous détermine à m'envoyer une personne de votre confiance, elle sera bien accueillie et nous nous serons bientôt entendus[163]. »

Il n'ignore pas que le grand Vizir a réuni des forces considérables à Jaffa et à Gaza, mais il y voit une marque de confiance que l'Ottoman met dans sa puissance ou un désir de rapprochement ; en tout cas, sa volonté de négocier n'est alors qu'un moyen de gagner du temps[164]. C'est le 11 octobre que Kléber reçoit la réponse du grand Vizir aux ouvertures de Bonaparte, « écrites dans le délire de l'orgueil, et marquée au

---

[161] De la JONQUIÈRE, V, p. 568-571.
[162] Rousseau, p. 8.
[163] Rousseau, p. 48.
[164] Rousseau, p. 84, 89.

coin de la plus haute insolence» [165], et il annonce au Directoire qu'on ne répond « à de pareilles missives qu'avec le canon et la pointe des baïonnettes[166] ».

Mais, et on ne saurait l'en blâmer, il continue des conversations avec l'émissaire qui lui a apporté ce message impertinent[167]. Et le 30 octobre, il fait un pas en avant par une lettre très digne à sir Sidney Smith, annonçant qu'il a désigné Poussielgue et Desaix comme parlementaires pour entamer des négociations[168]. Il sait dès cet instant que la position du grand Vizir est très nette : ce dernier estime que « tant que les Français seront en Égypte, il n'y aura pas moyen de conclure ni paix ni trêve[169]. » L'attitude de Kléber n'est pas moins précise et il ne veut pas que l'évacuation de l'Égypte précède l'ouverture des négociations [170]. Le drame est là et, selon nous, cette question ne fut jamais résolue. D'autant plus que Kléber affirme dans une lettre au Directoire, datée du 15 novembre, qu'il s'attend à être attaqué avant quinze jours[171].

Le 3 décembre, Kléber est avisé que le grand Vizir consent à des conférences : « il charge le commodore Sidney Smith de stipuler les intérêts de la Porte, aussi bien que ceux de l'Angleterre et de la Russie. » Le général français estime n'avoir plus rien à craindre « d'ici au printemps prochain», non pas à cause des pourparlers, mais parce qu'il « espère que l'armée du grand Vizir, campée dans les plaines humides de Jaffa et de Gaza, achèvera de se décourager par la misère et les maladies[172]. »

Les commissaires français, Poussielgue et Desaix, sont mis en route le 7 décembre [173] et, dans les instructions qui leur furent remises, on lit : « Les envoyés proposeront à l'ouverture des conférences, d'arrêter une suspension d'armes pour tout le

---

165 Rousseau, p. 93.
166 Rousseau, p. 94.
167 Rousseau, p. 97.
168 Rousseau, p. 105.
169 Rousseau, p. 106.
170 Rousseau, p. 110.
171 Rousseau, p. 115.
172 Rousseau, p. 129.
173 Rousseau, p. 134.

temps qu'elles dureront, sous la condition, en cas de rupture, de n'agir offensivement de part et d'autre que quinze jours après la notification de la dite rupture. *Si celte proposition est agréée,* même avec quelques modifications que les envoyés trouveront convenables, ils sont autorisés à signer ledit armistice»[174].

Ainsi Kléber n'est pas dupe et connaît fort bien la volonté de son adversaire. Le jour même où ces instructions étaient signées le grand Vizir quittait Jalfa pour Gaza, manifestant ainsi son intention d'attaquer. Effectivement, deux jours plus tard, Bromley apportait au commandant Gazai la sommation du colonel Douglas. Le général Kléber connaît cette démarche le 17 ; sans doute cela ne le rend pas optimiste, mais elle est alors loin de l'indigner : « Elle me ferait *presque* croire que Sidney Smith ne mettra point dans la négociation toute la volonté possible pour la terminer»[175]. Bien entendu il ne s'adresse pas dans les mêmes termes au grand vizir, auquel il mande le 20 : « Je ne parlerai pas à Votre Excellence de la sommation qui a été faite à la garnison d'el-Arich, de la part du colonel Douglas, en même temps que mes plénipotentiaires se sont rendus au lieu indiqué pour les conférences, parce que je suis convaincu que déjà elle aura désapprouvé cette démarche. »[176]

Le rendez-vous était à Damiette, où sir Sidney Smith se montrait impatient dès le 16 décembre, mais il n'était plus là au moment où les plénipotentiaires français y arrivaient, soit quatre jours plus tard[177]. Ce n'était plus Kléber qui gagnait du temps, mais bien le commodore anglais, à moins qu'une tempête l'ait réellement obligé de prendre le large[178]. Le 15 décembre, Kléber écrivait encore au grand vizir : « Conformément aux usages de la guerre et à ce que dicte la saine raison, je fais suspendre les hostilités et je compte bien que Votre Excellence agira de même pour ce qui la regarde».[179]

---

[174] Rousseau, p. 135.
[175] Rousseau, p. 150.
[176] Rousseau, p. 153.
[177] Rousseau, p. 152.
[178] Rousseau, p. 158-159.
[179] Rousseau, p. 158.

Il est d'ailleurs navrant qu'il ait écrit quelques jours plus tard au général Reynier les lignes suivantes : « Je viens de recevoir une lettre de l'adjudant général Devaux, qui m'annonce que le général Desaix a conclu un armistice d'un mois. Je vous donne l'option ou de marcher sur el-Arich et de culbuter Dervich Pacha, en *feignant d'ignorer cet armistice, chose sur laquelle on s'expliquerait ensuite,* ou bien, *si vous n'étiez pas en mesure de le faire,* d'attendre un courrier. »[180]

Quoi qu'il en soit, avant que ces questions aient pu recevoir une solution, la tragédie d'el-Arich était consommée. Les envoyés français se trouvaient à bord du *Tigre* le 2 3 décembre : or le fort, attaqué dès le 22, capitulait le 29.

Dans toute l'histoire de l'expédition d'Égypte, ce n'est qu'un épisode, peu important d'ailleurs par les effectifs engagés et par ses conséquences : il était effacé trois mois plus tard par la victoire d'Héliopolis.

G. WIET.

[180] Rousseau p. 165.

Pour établir une bibliographie des œuvres de Bouchard

Les sources sur Bouchard, sa vie et son œuvre, sont très peu connues. Ce qui explique l'absence de toute biographie sur l'homme qui fut à l'origine de la naissance de l'Egyptologie. La tâche est donc difficile.

Néanmoins, nous pouvons déjà signaler la présence de quelques écrits de Bouchard qu'il faudra au chercheurs de l'avenir de s'y atteler.

1) Le journal de guerre de la chute de El-Arich que nous avons le plaisir de présenter ici.
2) Le journal du siège du fort Julien que Bouchard a rédigé en France vers 1807 et introuvable en France. Les anglais l'ont publié en 2010 mais aucune trace de cette édition sur les sites. Cette œuvre majeure de l'histoire militaire de France était publiée aux éditions Frederic P. Miller, Agnès F. Vandom, John MaBrewster. Nous espérons pouvoir un jour le trouver en France.
3) La correspondance de Bouchard et les procès verbaux de ses rencontres avec les amiraux Anglais et notamment Sydney Smith se trouve toujours aux archives de la marine britannique. Là encore, un travail colossal attend les chercheurs.
4) Sa correspondance en France avec sa famille se trouve dans les archives de l'Armée à Vincennes. Nous n'avons pas eu malheureusement le temps de les consulter.

Bibliographie

Bachelard Gaston, *L'intuition de l'instant*. Ed Stock 1931-1992 Paris.

Barthélémy et Méry, *Napoléon en Egypte*. Ed, Perrotin Éditeurs. 1835 Paris.

Bret Patrice, *L'Égypte au temps de l'expédition de Bonaparte*. Ed, Hachette. 1998 Paris.

Boudon Jacques-Olivier, *La campagne d'Égypte*. Ed, Belin 2018 Paris.

Carré Jean-Marie, *Voyageurs et écrivains français en Egypte*, 2 tomes. Ed, IFAO. 1956 Le Caire.

Chanteranne David, *Les douze morts de Napoléon*. Ed, Passé Composé. 2021 Paris.

Kléber, *Kléber en Egypte*, Correspondance. Présentation Henry Laurens. 4 tomes. Ed, IFAO 1988 Le Caire.

Laurens Henry, *Campagne d'Égypte et de Syrie*. Présentation Henry Laurens. Ed, Imprimerie Nationale. 1998 Paris.

Laissus Yves, *L'Égypte, une aventure savante 1798-1801*. Ed, Fayard. 1998 Paris.

Menou, *Recueil des ordres du Général Menou à l'armée d'Egypte (du 11 Messidor an VIII au 15 Ventôse an IX)* Ed. de l'imprimerie Nationale. Le Caire 1912.

Solé Robert, *Bonaparte et la conquête de l'Égypte*. Ed, Seuil. 2006 Paris.

Youssef Ahmed, *Bonaparte et Mahomet, le conquérant conquis*. Préface de Jean Tulard. Ed, Le Rocher. 2003 Paris.

Périodiques

ASPHOR. *Bulletin*, Orgelet. 11/09/ 2017.

La Jaune et la Rouge, revue, article de Jacques Laurens. Avril 1991. Paris.

« Orgelet, Cité comtoise de caractère ». Brochure municipale. Juillet 1992 Orgelet.

L'Égypte, Bonaparte et Champollion. Bicentenaire Champollion. 1990 Figeac.

SABIX, Jomard 1777-1862, Un Égyptien de Polytechnique. *Bulletin de la société des Amis de la Bibliothèque et de l'histoire de l'école polytechnique*. No 54. Avril 2014 Paris.

Le Courrier d'Egypte La decade égyptienne

Presse de l'expédition française en Egypte les numéros de juillet-août 1799. Institut d'Egypte. Le Caire.

La Revue du Caire. Les numéros consacrés à Bouchard, par Gaston Wiet de janvier à juillet 1945. Ed, IFAO Le Caire.

Napoléon « correspondance ». *La campagne d'Égypte et l'avènement 1798-1799*. Tome deuxième. Préface Henry Laurens. Présentation Thierry Lentz. Ed, Fayard 2005 Paris.

Petit-Loisel Yves, *Milord Fantôme, Sydney Smith et la France*. Ed, Société des écrivains. 2014 Paris.

Pierre Branda et Thierry Lentz, *Napoléon, l'esclavage et les colonies*. Ed, Fayard. 2006 Paris.

Structures éditoriales du groupe L'Harmattan

L'Harmattan Italie
Via degli Artisti, 15
10124 Torino
harmattan.italia@gmail.com

L'Harmattan Hongrie
Kossuth l. u. 14-16.
1053 Budapest
harmattan@harmattan.hu

L'Harmattan Sénégal
10 VDN en face Mermoz
BP 45034 Dakar-Fann
senharmattan@gmail.com

L'Harmattan Cameroun
TSINGA/FECAFOOT
BP 11486 Yaoundé
inkoukam@gmail.com

L'Harmattan Burkina Faso
Achille Somé – tengnule@hotmail.fr

L'Harmattan Guinée
Almamya, rue KA 028 OKB Agency
BP 3470 Conakry
harmattanguinee@yahoo.fr

L'Harmattan RDC
185, avenue Nyangwe
Commune de Lingwala – Kinshasa
matangilamusadila@yahoo.fr

L'Harmattan Congo
67, boulevard Denis-Sassou-N'Guesso
BP 2874 Brazzaville
harmattan.congo@yahoo.fr

L'Harmattan Mali
ACI 2000 - Immeuble Mgr Jean Marie Cisse
Bureau 10
BP 145 Bamako-Mali
mali@harmattan.fr

L'Harmattan Togo
Djidjole – Lomé
Maison Amela
face EPP BATOME
ddamela@aol.com

L'Harmattan Côte d'Ivoire
Résidence Karl – Cité des Arts
Abidjan-Cocody
03 BP 1588 Abidjan
espace_harmattan.ci@hotmail.fr

Nos librairies en France

Librairie internationale
16, rue des Écoles
75005 Paris
librairie.internationale@harmattan.fr
01 40 46 79 11
www.librairieharmattan.com

Librairie des savoirs
21, rue des Écoles
75005 Paris
librairie.sh@harmattan.fr
01 46 34 13 71
www.librairieharmattansh.com

Librairie Le Lucernaire
53, rue Notre-Dame-des-Champs
75006 Paris
librairie@lucernaire.fr
01 42 22 67 13

Printed in Poland
by Amazon Fulfillment
Poland Sp. z o.o., Wrocław

85594456R00110